一念之間

蘇拾瑩——著

THINKING MAKES IT SO

100個心靈故事

《序》小故事，大啓發

李家同

這本書收藏了一百個小故事，作者將這一百個小故事分成八個不同單元，人生的意義是其中的一個。其實如果說整本書都和人生的意義有關，也是對的。

人生的意義究竟是什麼？很難回答，不是一篇文章能解釋清楚；只要和爲人處世有關的文章，也就和「人生的意義」有關。作者將她心目中的人生意義藉著一百篇故事敘述出來，正直而善良的價值觀，蘊藏其中。

人生的意義可以因心靈層次的不同而有所不同，人對生命的價值觀，也可以在一念之間改變。若能藉由這些小故事的啓發，讓世人觀念改變，心靈提升，回歸正直、善良，這該是多麼好的一件事。

我還沒有看完整本書，但是，我對每一個我所看過的小故事都十分有興趣，我也從這些故事裡得到很多的啓示，相信我將來寫文章的時候，可以從這些小故事裡得到很多靈感。

很多人喜歡長篇大論地寫文章，這種文章也多得不得了，有些時候，這些文章雖然說得非常有道理，但有時不能打動人心。比方說，我們可以寫一篇長達一萬字的文章，說明爲什麼我們應該「愛人如己」，但我眞的不相信這樣的文章有多大的用途。

我們有時也會勸小孩子要有「慈悲心」，但怎麼說都沒有用；然而絕大多數的孩子讀了『賣火柴的小女孩』以後，都會有一顆更柔軟的心的。

我們這個世界最需要的是什麼？很多人以爲我們最需要的是科技上的進步，或者是更好的制度。但是放眼看去，我們最需要的是正直而良善的人。

如果我們這個世界上有更多的「好人」（雖然「好人」又是很難下定義的），這世界一定會變得更美好。這本書所收的故事，都在於使我們變得更加正直善良，我們也眞的十分需要這一類的書。

坊間有太多教訓人的書，而沒有很多可以啓發人心的書，我們應該感謝蘇女士的這本書，這裡面有這麼多有趣的小故事，每一個小故事都給了我們一些大道理、大啓發。

＊本文作者李家同曾任靜宜、暨南大學校長，現任教於清華及暨南大學著有《讓高牆倒下吧》、《一切從基本做起》等書

《序》不能奪去的福分

蔡茂堂牧師與師母許信貞女士

耶穌說：馬利亞已經選擇了那上好的福分，是不能奪去的。在這世上有些東西是能奪去的，有些東西是不能奪去的。好的東西分兩種，如果它有永恆的價值，就不會被奪去，如果它只是有暫時的價值，就可能被奪去。

用聖經的話來做心靈的提升與操練，就具有永恆的價值，所獲得的福分，是不能奪去的。

因爲聖經的教訓就是上帝的道，保羅說這個道是活的，是有功效的，比一切兩刃的劍更快，甚至魂與靈，骨節與骨髓，都能刺入、剖開，連心中的思念和主意都能辨明。

蘇拾瑩小姐多年來編輯一份教會刊物「靈修族」，默默的做文字事奉，刊物上經常可以看到一篇篇發人省思的小故事。她自己從這些小故事中獲得心靈的提升與操練，這是不能奪去的福分。

現在她將這些雋永的小故事集結成書，希望這些小故事能夠讓更多的讀者們也經歷到心靈的提升與操練，來獲得那不能奪去的福分。她這樣事奉所得的福分，也是不能奪去的福分！

祝福她，也祝福所有的讀者！

＊本文作者蔡茂堂原是醫生，曾任台大醫院精神科醫生恆春基督教醫院院長，後轉攻神學、成爲牧師

《序》生命，因愛而美麗，因付出而飽足

孫越

十五歲那年，母親過世，隔年我又被學校退學，走投無路之際，卻讓我考上了當時的青年軍。我經歷了戰爭與死亡，到台灣時，還不滿二十歲。

後來我被選入軍中的話劇隊，從管理道具兼當小配角幹起，就這樣開始了我的演藝之生涯。十四年之後進入電影圈，一路拍戲，我參加了將近兩百多部電影的演出。後來也投入電視綜藝節目，很幸運地在演藝圈裡「走紅」，獲得金馬獎最佳男配角及最佳男主角獎之外，也創下電視節目的高收視率。成功的光環縈繞著我，名利垂手可得。

然而，成功、地位、金錢並沒有使我快樂。人生如戲，戲如人生。每個人的人生都像一台戲。我在戲裡看盡人世間的悲歡離合、生老病死。

其實，我並不滿意我的人生劇本；我只覺得生活越忙碌，心靈越空虛；物質越豐富，生命越茫然！

我開始從心靈上探索人活著的價值，找尋眞正讓自己快樂的事。

終於，因陶大偉的帶領，在基督信仰中找到我了生命的意義。受浸成爲基督徒後，感覺到漂流多年的心靈終於有了可以安頓的歸宿。我人生的劇本像是重寫了一樣。眞是如聖經上所說：「若有人在基督裡，他就是新造的人，舊事已過，都變成新的了。」

我越來越關心公益活動，覺得以賺錢爲目的的人生乏味極了，反而當義工、關懷別人讓我滿心歡喜。我學習「愛」的眞諦，學習眞正的「付出」！我嚐到了付出帶來的喜樂與滿足。我覺得自己的生命有價值起來。

過去的我算是相當自我的一個人，觀念裡總是先閃進「我」的想法，像怎麼樣對「我」最有利，怎麼樣讓「我」得到更多，怎麼樣讓別人對「我」更好一點？而「自我」的人對這個社會也總是以「取」的想法爲出發點。像如何「贏取」觀眾的收視率？如何「賺取」更高的利潤？如何「取得」名利財富地位？

這樣的人生快樂嗎？不見得！

不但不快樂，還充滿失望與挫折。因爲「取」了一點還想要更多，而且沒有人能夠眞正取得全世界。就算取得高位，那種高處不勝寒的寂寞更令人發冷。

但是有「愛」就不一樣了。愛心讓人體會到無私的「付出」價值更高。不是「取」，而是「給」！

我決定當「終身義工」。我決定扭轉我的生命，從「取」轉變爲「給」。

我參加基督教更生團契，定期到監獄裡關懷受刑人。我也固定到醫院去，探望那些愛滋病患及腫瘤病患。我參加各種公益團體：基督教宇宙光全人關懷機構、董氏基金會、聯合勸募協會、中華基督教救助協會、台灣世界展望會、安寧照顧基金會等等，到各地去做義工。

每次，當我將關心「給」別人，散佈上帝的愛，我就覺得陽光從心中昇起，人生多麼美好！

現在，你問我快樂嗎？我可以肯定地告訴你：不但生活有快樂，而且生命有平安。

蘇拾瑩小姐邀我為她的新著《一念之間：一百個心靈故事》寫序。她跟我一樣，從信仰中探索到人生的價值，從付出愛的行動中經歷到生命的圓滿與飽足。她用以前從事新聞報導的筆來將生命的經歷及心得分享給大家。從她精心擷取的一百則發人深省的心靈故事中，讓我們重新建立有意義的人生價值觀，讓我們得著這股真正能叫人平安與喜樂的生命力量。

好東西就要與好朋友分享！我願推薦你這本書！

＊本文作者孫越為資深藝人，現為終身義工

《序》故事的力量

我認識蘇拾瑩小姐廿餘年，那時她是一個年輕、快樂、開朗的小女孩；後來聽說她結婚，再後來聽說她陷入婚姻的困擾，最後不得不用司法來做爲親情的最後救濟手段，人則在台灣、澳洲之間來回奔波。我們之間雖然沒有太多往來，但她的故事，在台灣媒體圈的朋友間流傳，每個人都難免爲她的遭遇同聲一嘆！

直到有一次，我有機會與蘇小姐坐下來仔細聊一聊，才發覺她的遭遇其實非比尋常，金錢財富的損失，只是皮肉之痛；親情反目，更甚仇讎，那才是人生最大的打擊，我不能想像她以一介女子，如何能度過？

她的答案其實並不新鮮——宗教信仰，可是她信、依賴基督宗教的過程中，有一件事十分吸引我，那就是她彙集了許多精彩的人生故事，發表在基督教的媒體中，透過這件事，她一方面自我鼓勵，同時也慰藉了許多人。這些故事，連我這樣飽經人生歷練的人，讀來都深有啓發，於是我鼓勵蘇小姐，把這些故事整理出來。

好的故事是人人喜歡的經驗，童話是寓言，也是故事，爲何流傳，就因爲是好故事。蘇小姐彙集的故事，她不敢掠美，因她是閱讀、彙整，而非原創，但這不重要，因爲所有的故事加在一起，那就是蘇小姐的整個人生傷痛的復建過程，每一個故事，都代表了作者某一個階段的心靈救贖，每一個故事，也有作者的感覺和體會。當然蘇小姐能走過來，都是靠這些故事，這些故事，提供了一念之間的轉變。

人生的劇情不會改變，不可能改變；但是人生劇場中的每一個人，卻可以靠著故事，在一念之間自我改變！

是的，故事可以改變一切，在一念之間！

＊本文作者何飛鵬爲城邦媒體集團首席執行長

作者與家人合影

《自序》操練心靈的力量

蘇拾瑩

多年前，我在毫無心理準備之下，遭逢人生低谷，受到厄運無情的打擊，踉蹌被推進婚姻的風暴與纏訟的官司之中。

我做夢也沒想到我會二度婚姻破裂。而且公司、房產被奪，遭受誣告，我的生活一下子從雲端掉落地獄——從一個在家有佣人，出門有司機，辦公室裡有秘書，終日與名流往來的董事長，一下變為必須靠澳洲政府救濟金度日的一級貧民。

我的世界一下子變得一無所有：孩子沒了，家庭破散；事業沒了，錢財一空。我眞是身心俱疲啊！

這樣的命運，我沒有力氣走下去！前途茫茫，我沒有力量去面對！

我幾乎瀕臨崩潰，想結束生命，向厄運低頭。

在被命運擊打得遍體鱗傷之際，我於一九九六年十月在雪梨台福基督教會受洗，才漸漸活過來，慢慢扭轉命運。

一時間，氣息還是很孱弱。然而，在不斷的讀經禱告中，我感受到耶穌的安慰和鼓勵。祂告訴我：「壓傷的蘆葦，祂不折斷；將殘的燈火，祂不吹滅。」「憂傷痛悔的心，祂必不輕看。」

祂用愛輕輕撫拭著我的傷痕。

我依照聖經的教訓，抓住耶穌的應許去做：「先求上帝的國與祂的義，這一切都將加給你們。」

我逐漸改變過去對人生的價值觀，按著聖經，做心靈的提升與操練。

「老我」一點點地死去，「新我」一寸寸地出生。

我一步步地從衰敗中站起來。

我摸索到一股力量，是一股「愛」的力量——那麼的溫柔，卻又那樣堅定。

是一種溫柔，常隨著暖暖的淚水，不是傷心，而是感動。

是一種堅定，總伴著凜然的公義，不屈不撓，永不止息。

這股力量像排山倒海莫之能禦的沛然洪流，洗滌我、澆灌我、支撐我、提攜我。往前看，我知道這股力量的極致，可以無艱不克、無敵不摧。

就是這股力量，讓德蕾莎修女不畏疾病死亡。就是這股力量，讓文天祥勇敢地從容就義。就是這股力量，讓殉道者看世事如塵煙，超越生與死。

而我，還只是初窺堂奧而已。

我聽到耶穌對我說：「不要怕，我在這裡！我已經戰勝了這世界！」

黑暗權勢好像離我漸漸遠去……點點星光一顆顆亮起來。

突然之間，軟弱變得剛強，無畏無懼，波瀾不驚。我體會到：「愛裡沒有懼怕。」也觸摸到「富貴不能淫、貧賤不能移、威武不能屈」的偉大力量。

纏訟的官司已經不再能威嚇我了；貧窮、金錢的壓力也不再使我憂懼。

反而，操練「不住禱告，凡事謝恩」，卻讓我受用不盡。

恩典與奇蹟接踵而至，平安與喜樂時時報到。不僅精神生活豐富，連物質生活也不虞匱乏，應有盡有，超乎所求所想。

我才發覺，牧師們常說的「靈、魂、體三者會陸續歸位」，的確很有道理。

「靈」是指心靈，「魂」是指七情六慾，而「體」是指肉體。先把「靈」操練好，自然「魂」會跟著歸位；「魂」操練好，自然「體」就接著來報到。也就是說：先提升心靈，就能控制七情六慾；而肉體感官總是聽從情緒的指揮，開心就笑，憂愁就哭。最後，當「靈、魂、體」都健壯時，自然能駕馭物質世界，得心應手。這就是聖經的應許：「先求上帝的國與祂的義，這一切都將加給你們。」

這樣操練心靈的力量，就能爲自己改命、轉運，重生、永生！我重生了、也轉運了！像經過一場水火，到達寬廣之地。又像經過流淚谷，揮一下仙女棒，就成了泉源之地，還蓋滿秋雨之福。沒有操練過的人，是不會懂得我在說什麼的。這也是爲什麼我要做見證，要與大家分享心靈操練的經歷，與改變命運的果實。

十年的操練，我才只入門而已，就有這麼大的獲益，這麼強的震撼！繼續操練，已成爲我此生矢志的目標。

這一百篇小故事屬於我近年操練的一個過程。

從一九九九年開始，我在澳洲編輯「靈修族」刊物，在各教會傳閱。我去蒐集一些傳教士所說的心靈故事，逐字改寫、編撰、打字，並加上自己的體悟與感想，與大家分享。整個編寫的過程，我自己受到最大的好處，一步步心靈的洗滌與提升，終能探觸到那股神秘而寶貴的心靈力量，改變了我的命運。

這本書，我特別爲每一篇小故事挑出一句聖經的金句，作爲心靈操練的藍本。我相信，天地要廢去，上帝的話卻不能廢去。

願這一百篇故事和聖經的金句協助您作心靈的操練：

一篇故事，一念之間，一個價值觀改變，一分心靈力量加添。

目錄

2 誰爲你擋子彈？ 63

3 快樂是自己決定 107

Part 1

最貧窮和最富有

能讓你覺得「富有」或「幸福」的東西，
往往都不是錢可以買到的。

殘廢的寫信人

有一個人遭遇嚴重的車禍，兩腿跟左手臂都殘廢了，右手也只剩下拇指跟幾根指頭。但他的腦子並沒受影響，過去還曾有過環遊世界的經歷。

起初，他想：「我什麼事都不能做，我只不過是個廢人罷了！」

後來他想到，他平常很喜歡收到信，那現在爲何不寫信給別人呢？一定有人跟他一樣喜歡收到信。他還可以勉強用右手寫信啊！

但是該寫給誰呢？

他想到監獄裡的囚犯：「他們一定會喜歡接到信的。」

可是，他一個囚犯都不認識啊！於是他去向一個監獄福音團契的機構請教，問說可不可以寫信到監獄裡給囚犯？他們告訴他說可以，但這些信是有去無回的，要他有心理準備。因爲根據獄方的規定，囚犯是不能對外通信的。

這個殘廢的人於是開始寫信到監獄去給囚犯。

他持續地寫，一星期寄兩封信去。這個工作幾乎花掉他所有的力氣。在信中，他把他的生命、經歷、智慧、信仰還有他的人生觀都寫進去了。因爲沒有回信，有時他也會覺得沮喪，想放棄。但最後他仍然堅持下去，寫信似乎成了他生活裡唯一能做的事。

最後，他終於接到一封回信。不過，並不是監獄的囚犯回信給他，而是監獄裡檢查囚犯來往信件的管理員寫給他的。

這封信很短，信上簡單地說：「請儘可能用品質好一點的信紙寫信，你的信在這裡從一個角落傳閱到另一個角落，都快被翻爛了。」

殘廢的寫信人成了名享監獄的作家，幫助無數的囚犯重拾他們的新生命。

朋友！當你失意沮喪想放棄的時候，想想這個殘廢的寫信人，上帝賦予每個人的工作都是他能力所能及的。即使是殘廢的人，上帝依舊能夠使用他，讓他去幫助別人。

上帝使用我們的條件不是看我們的聰明才智，而是看我們是不是有一顆純正善良的心。

只要我們願意潔淨自己向善，上帝就會使用我們，讓我們成為祂眼中貴重的器皿。

不管我們是四肢健全、還是手足殘障；不管我們是聰明、還是愚笨；也不管我們是富有、還是貧窮；只要我們願意自潔，上帝就會樂於使用我們，讓我們做出貢獻。

人若自潔，脫離卑賤的事，就必作貴重的器皿。成為聖潔，合乎主用，豫備行各樣的善事。

提摩太後書二章廿一節

誰最富有

有一個非常有錢的財主經常騎著馬在他大片的領地上逛，非常得意自己擁有這麼多的財富。

有一天，他又騎著他心愛的馬到處閒逛，看到一個老佃農正坐在樹下，捧著一碗飯在禱告。他跟他打招呼，老佃農回他說：「我正在做謝飯禱告呢！」

財主看看他碗中的食物，不以爲然地說：「如果叫我吃這種東西，我才不要感謝呢！」

但老佃農回答說：「上帝供應了所有我所需要的，我覺得很感謝！」

老佃農接著又說：「我正在想你今天應該會過來吧！我昨晚做了一個夢，有一個聲音告訴我說，這個城鎮裡最富有的人今晚要死了。我不知道是什麼意思，但我想我應該告訴你！」

財主嗤之以鼻，說：「無聊！怎麼可能？」就走開了。

財主口中雖然斥責老佃農，但腦中卻不斷迴響著老佃農的訊息：很明顯的，他是這城鎮裡最有錢的人！難道今晚他就要死了嗎？

他越想越擔心，越想越惶恐。

於是他找來醫生，給他做詳細的全身檢查。醫生說：「你強壯得很，沒什麼毛病，今晚不可能會死掉的。」

爲了保險起見，醫生還留下來陪財主過夜。財主緊張得一個晚上都沒睡好。

到了早上，什麼事也沒發生，醫生走了。財主因爲自己居然爲了老佃農的一句夢話就這麼緊張兮兮，覺得十分懊惱，自己憎惡起自己來。

不久，消息傳來，老佃農昨天晚上死了，他在睡夢中安詳過世。

財主浮現老佃農昨天謝飯的那一幕，感嘆地說：「原來，在上帝眼裡，他才是最富有的人。」

朋友，你的錢財能替你帶來像老佃農一樣的快樂跟滿足嗎？擁有再多「生不帶來、死不帶去」的錢財，能算是真正的富有嗎？

每一個人對富有的定義都不相同。有人覺得要像王永慶擁有很多企業才叫做富有；有人覺得要住得起百萬豪宅才算富有；但也有人認為，不愁吃、不愁穿就是富有了。

物質生活富有的人真的能活得滿意快樂嗎？答案恐怕是未必！反而是精神生活富有的人，活得要滿意快樂得多！

敬畏耶和華，心存謙卑，就得富有、尊榮、生命為賞賜。

箴言廿二章四節

鉛筆的故事

有一間著名的學校，在畢業典禮的時候，校長跟全體畢業生說了一個故事，他說：

有一個製作鉛筆的師傅，把一枝鉛筆裝進鉛筆盒裡。他對鉛筆說：「在我把你送到世界上之前，有五件事你要記住，這會使你成爲世界上最好的鉛筆！」

「第一，你可以做出很多偉大的事，可是先決條件是：你要讓你自己被握在某個人的手裡。

第二，在削鉛筆的時候，你常常要經歷許多痛苦。但這是必要的！這會讓你變成一枝更好的鉛筆。

第三，你發現寫錯或畫錯時，都可以擦掉重作，你可以隨時修正所犯的錯誤。

第四，你最重要的部份，就是裡面的筆心。

第五，不管在任何的材質上，你都要留下你的筆跡。不論在任何情況下，你都要畫出你的痕跡。」

這枝鉛筆明白了師傅的叮嚀，於是上路到世界上來。

校長繼續說：「現在，把這枝鉛筆換成你們自己！我也要你們記住五件重要的事，希望你們變成社會上最有用的好人。」

「第一，永遠讓自己被握在上帝的手裡。你們的才能是上帝所賜的，唯有順天意而行，你們才能成功。」

「第二，你們會經歷各樣的困難及痛苦，但那會使你們更茁壯！」

「第三，你們要隨時修正所犯的錯誤。」

「第四，記住！人最重要的部分永遠是內心。」

「第五，不管走到哪裡，你們都要負責任地留下足跡。也就是說，無論任何狀況，你們都要謹守自己的責任。」

校長說：「謹記這五件事，我才放心將你們送出校門，送到社會上去。」

朋友！你是否能好好掌握這五個成功人生的要訣呢？這也是上帝把我們送到這世上來時所做的叮囑。

聖經上說：「凡從上帝生的，就不犯罪，因上帝的道存在他心裡。」（約翰一書三章九節）又說：「敬畏耶和華是知識的開端。」

上帝的道就是天道。我們若能心存天道，就不致失腳；若能遵循天道，就能昌旺。

人人都希望有個成功的人生。唯有把握這五項要訣，才能讓我們的生命開花結果。

> 敬畏耶和華是知識的開端。愚妄人藐視智慧和訓誨。
>
> 箴言一章七節

最輕的十字架

有一個年輕人自覺走投無路，好像到了人生的盡頭，再也走不下去了。

他跪下來禱告，說：「上帝啊！我背上的十字架實在太重了，我已經筋疲力竭，走不下去了！」

上帝回應他說：「孩子！如果你眞的覺得背上的十字架太重，就把它卸下來，放在這個房間裡，然後去打開那邊那個門，那裡面有很多十字架，挑一個你覺得喜歡的十字架背吧！」

年輕人放下了重擔，覺得好輕鬆。他很高興，心中充滿了釋放的喜樂。

「這樣多輕鬆愉快啊！」他歎道。準備去換一個小一點的十字架。

他走進另一個門，看到那裡眞的有很多十字架。有的很大很大，大到看不到頂。

他選了一個最遠處靠牆邊的、看起來是最小的十字架。他輕聲對上帝說：

「上帝啊！我喜歡這個！可以嗎？」

上帝回答他說：「可以！當然可以！」

他很高興地背上新的十字架，很滿意地說：「輕多了！輕多了！」

上帝笑著說：「可是孩子！這正是你剛剛卸下來的那個十字架啊！」。

朋友！許多人常抱怨自己的命不好，不時羨慕別人好命。殊不知，這世上比自己更辛苦的大有人在，原來別人的十字架比我們的還要重。

我們經常挑三揀四，抱怨自己的命運，並想靠自己的聰明才智，選擇自己的命運。其實，上天原來給我們的命運，就是最適合我們的命運。

經常，我們覺得人生的擔子太沉重。這時不妨把擔子卸給上帝一會兒，到信仰裡休息片刻，尋求新能量的補給。經過休息之後，當我們重回人生道路，往往就會發現，原來的擔子已經輕省很多了！

有了信仰的支撐，我們會覺得走在命運的道路上，比以往更輕鬆更容易，不再覺得費力。

選擇有信仰的人生，就是選擇了最輕的十字架！

耶穌說：你們當負我的軛，學我的樣式，這樣，你們心裡就必得享安息。
因為我的軛是容易的，我的擔子是輕省的。

馬太福音十一章廿九至三十節

平安

有一個富翁想在他新裝潢的豪宅大廳裡掛一幅畫，他打算不惜代價，找名家為他作這幅畫。

「畫什麼好呢？」富翁不斷思索。最後，他決定要一幅能描繪出「平安」的畫來掛在牆上。

他想，「平安」是人人都需要的東西，也是他的家最渴望得到的東西。如果能掛在牆上，一定可以為他的家帶來平安。

他四處打聽著名的畫家，得知有兩個畫家功力冠於群倫。一個要價很高，但很能忠實完成客戶的託付；要他畫什麼都行，作品也必屬上乘。另一個畫家則脾氣很壞，隨他高興收件，不喜歡的題材不畫，但作品也是驚人的好。

富翁決定委託兩個畫家同時畫「平安」，到時候再做挑選。

富翁去見第一個畫家，他很快就答應了，要富翁兩星期後來拿件。富翁又去見第二個畫家，他眉頭深鎖，說：「你兩星期後再來，不保證畫得出來，有靈感就畫，沒靈感就作罷。」

兩星期後，富翁去第一個畫家處取畫。他看到一幅風和日麗的和煦田園，暖和的太陽照著一片稻田，田間溪水潺潺地流，還有樹木房屋，烘托出一片平靜平安的氣氛。富翁很滿意地付了錢、取走了畫。

他又去第二個畫家那裡，畫家也不招呼他，只說：「畫好了，在後頭，滿意就拿走，不滿意就留下。」

富翁找到了那幅畫，一看，哪裡有平安啊？畫的是驚濤駭浪，危岩峭壁。海水波濤洶湧，天空狂風暴雨。他正要問畫家：「有沒搞錯啊？」

突然他看到危岩峭壁邊畫著一棵樹，樹枝被狂風吹得在掙扎，但樹上卻畫著一個鳥巢，鳥巢下一隻貓頭鷹正閉著眼睛在睡覺，似乎渾然不覺外面世界的凶險。

富翁突然明白了，眞正的平安是這隻貓頭鷹，無論處境多麼困難險峻，它都能睡得如此安穩。富翁決定把這幅畫掛在大廳裡，提醒自己：眞正的平安原來是在自己的心中。

朋友！你有沒有嚐過真正「平安」的滋味？那種在驚濤駭浪下仍能閉目安睡的「平安」？

聖經上說，神所賜的平安正是如此，沒有憂愁，也沒有膽怯。

平安不僅僅是平靜、安詳而已，真正的平安其實是無憂、且無懼；即使身處危險困厄之中。

耶穌說：我留下平安給你們，我將我的平安賜給你們。
我所賜的，不像世人所賜的。你們心裡不要憂愁，也不要膽怯。

約翰福音十四章廿七節

窮的定義

一位父親很有錢，有一天，他和家人帶著小兒子到鄉下去參觀。他們立意要讓小兒子知道什麼叫做「窮」，所以帶他去農村，要他實地體會一下窮人的生活。

他們在一個很窮的農家裡住了兩天。

農家的孩子要負責餵養家畜，要負責訓練幫忙農事的狗。

傍晚時分，為了節省自來水費，農家的孩子們都到附近的小溪裡去洗澡；晚上沒錢買燈、沒錢付電費，只能全家聚在黑漆漆的院子裡聊天。

當他們從農家回來以後，爸爸問孩子說：「你覺得這趟行程如何？」

孩子說：「很好啊！爸爸！」

「你見識到窮人家到底有多窮了吧？」爸爸問。

「是啊！」孩子點頭稱是。

「那你看到了什麼嗎？」爸爸又問。

孩子回答說：「我終於見識到我們家到底有多窮了。」

孩子繼續說：「我們只有一隻狗，但是他們卻有四隻狗；那四隻大狗在他們小孩的指揮之下，又聽話，又懂事。當他們家的小孩好神氣！」

「而且，我們只有一個游泳池，還是在花園中間；但是他們卻有一整條溪流，沒有盡頭；他們每天都可以盡情地玩水仗，我們家卻只有我一個人游泳。」

「還有，我們家的花園只有一排進口的路燈，可是他們卻有滿天的星星；他們每天晚上都可以聊天聊得好高興，可是我們家卻沒有人跟我聊天。」

「我們家的空間只到前面庭院，但他們卻有整個天地的空間。」孩子做了個結論。

孩子說完，父親無言以對。

朋友！富有或貧窮？端賴你怎麼看！

如果你有愛，有朋友，有家庭，有健康，有幽默感，對人生有積極的態度，那你擁有一切！你很富有！

事實上，能讓你覺得「富有」或「幸福」的東西，往往都不是錢可以買到的。

相反的，如果你擁有很多的錢或物質，但在精神上很貧乏，那你是最「窮」的了，你等於什麼都沒有！

在富有和貧窮之間，有一個祕密，那就是你的價值觀。只要你調整你的價值觀，改變你的心態，那麼，就會如一首聖歌所描述的：「軟弱者成為剛強，貧窮者成為富足。」

富有人自以為有智慧，但聰明的貧窮人能將他查透。

箴言廿八章十一節

空留遺憾

從前有一位農夫，早出晚歸耕種一塊貧瘠的土地，他勤奮工作，午餐也顧不得吃。

上帝覺得他很可憐，就對他說：「你很勤奮認眞，我要賞賜你，給你更多土地，讓你富足。從今天起，以這裡做起點，你盡力去跑，等繞一圈子回到原點時，我會將圈圈以內的土地都贈送給你，讓你飽足。」

這個農夫眞是高興極了，馬上就開始跑，也忘了帶飲水，只顧往前跑。

當他跑了半個鐘頭後，往後看，啊！眞高興，這輩子已夠用了，這塊地所產的五穀能供我一輩子。

他想停下來了，但是又想到這是千載難逢的機會，應該爲兒女再跑一段路，讓他們也有一點家產。於是又跑了一個鐘頭，又渴又累，汗流浹背。

他又往後看，離起點的地方已經很遠了，應該折回了。可是他又想起他的兄弟姐妹，於是再往前跑了一段。

他的胸口開始有點悶，頭有一點暈。

他開始想：「唉！我畢竟年紀大了，身體狀況大不如從前，我馬上就要退休了，趁還沒退休前再多跑一點路吧！」

可是就在這個時候，他的體力到了極限，他不支倒地，不久就死了，連回到原點的機會也沒有。

當然，他什麼土地都沒有得到。

朋友！這個故事正是我們許多人的寫照。

許多人一生忙忙碌碌，汲汲營營，有了，還要更多。只顧一直往前衝，從不曾靜下來思考一下人生的意義。

等到年事已高，回首來時路，才猛然發現年華已去，錯過了許多路邊旖旎的風光。

人生有各種各樣的遺憾，有些人子欲養而親不待，有些人功敗垂成。而人生最大的遺憾莫過於辛苦了一輩子，卻無福消受自己勞碌的所得。

人生路途漫長，何妨走一段，休憩一下，充個電，再奔前程不遲！

人若賺得全世界，賠上自己的生命，有甚麼益處呢？人還能拿甚麼換生命呢？

馬太福音十六章廿六節

彩繡的構圖

有一個小男孩，坐在媽媽旁邊的地板上玩，陪著媽媽做手工。

他仰起小腦袋，望向媽媽的手工，問道：「媽媽！你在做什麼啊？」

媽媽說：「我在刺繡啊！」

小男孩從他的角度往上看，看到媽媽的手拿著一個圓圓的框子，媽媽的手在框子上繡啊繡的，一針又一針。

「妳在繡什麼啊？怎麼是一大塊亂七八糟的東西呢？」小男孩不解地問。

媽媽慈祥地回答他：「乖！兒子！你再玩一下，等我繡好了，你就知道了。到時候，我會抱你到我膝蓋上來看的。」

小男孩耐心地等著等著，他很奇怪媽媽爲什麼要用那麼多暗色的線，繡在亮線的旁邊？還弄出一塊一塊怪怪的圖形，一點也不好看。

不久，媽媽說：「成了！你來坐在我膝蓋上看吧！」

小男孩爬到媽媽膝上一看，驚喜地歡呼著說：「好漂亮的花啊！一朵，兩朵，三朵……好美喔！」

他仰頭問媽媽說：「可是我剛剛從下面看是醜醜的啊，怎麼現在變這麼漂亮？」

媽媽說：「傻孩子，我們在繡之前都會先做好一個構圖，然後按照構圖一針針地完成。從你剛剛的角度，只能看到這幅彩繡的背面，當然看不出什麼囉！」

「我看你用很多暗色的線，繡在亮線的旁邊，那是什麼呢？」小男孩一邊看，一邊繼續問。

媽媽說：「爲了要襯托明媚的花朵，一定要有暗色的陰影來做對比，才顯得出明亮啊！」

朋友！上帝為我們每個人都設計了一幅構圖，從我們的角度看，可能是亂七八糟的一片，但是等到完成，卻是一幅美麗的彩繡！

或許，我們眼前看到的只有挫折、失敗，就像一團團灰暗的繡線。但是不要著急，這些灰暗的線團是為要與接下來的光明與成功作對比，是為要將明媚的花朵襯托出來！

天生我才必有用，上帝在每個人身上都有一幅構圖，你的構圖跟我的不會一樣，跟他的也不相同。但是只要我們配合上帝的構圖去做，我們的人生終將繡出美麗的彩繪。

不要看自己過於所當看的。要照著上帝所分給各人信心的大小，看得合乎中道。

羅馬書十二章三節

推石頭

有一個人，在某天晚上睡覺的時候，上帝出現在他面前，要他去推門口的那塊大石頭。

這個人認眞的遵照上帝的話去做，日復一日，年復一年。他用他的肩膀抵住那塊大石頭，用盡力氣去推。每天晚上當他回到住處，都已經精疲力盡。

幾年過去，這人覺得他好像是在白花力氣，因爲這塊大石頭好像動都沒動一下。

這時候，魔鬼進場了，他告訴這人說：「你已經推了這麼久了，石頭根本沒動一下，以後也不可能動的。」

魔鬼的話讓這人覺得自己眞是個失敗者，他在做一件根本不可能成功的任務。

這個人極爲沮喪，來到上帝面前。他問上帝說：「天父啊！我爲您作了這麼久的工，卻還是動不了那塊大石頭，我到底什麼地方做錯了？爲什麼會這麼失敗呢？」

上帝慈愛地回答他說：「孩子！我要你爲我作工，是要你用力去推那塊石頭。我從來沒說過要你移動它呀！」

「這些年來你做得很好，怎麼說失敗呢？你看你自己，手臂肌肉粗壯，肩膀厚實，能力比以前強多了。」

上帝繼續說：「我也要藉此鍛鍊你的信心，要你完全信靠我的智慧，而不是倚靠自己的聰明。你不用去移動那塊石頭，因爲那是我的事，我會自己去移動它！」

「現在，把你鍛鍊好了，也就是我移動那塊石頭的時候了！」上帝這樣說。

朋友！上帝試驗我們、熬煉我們，就如熬煉銀子一樣。（聖經詩篇六十六篇十節）我們要能為上帝所用，就要先接受上帝的鍛鍊。

但是往往我們都很喜歡自作聰明，常用自己有限的智慧去解釋天意，誤解上帝的意思。而且也常因為達不到目的而灰心喪志，就像這個推石頭的人。

其實，上帝的意思只是單純地要鍛鍊我們，要我們學習順服天意，信賴祂的智慧。因為真正作工的，是上帝自己啊！

然而祂知道我所行的路，他試煉我之後、我必如精金。

約伯記廿三章十節

回到原點

有一個商人坐在一個小漁村的碼頭上釣魚，看見一個漁夫划著一艘小船靠岸。

小船上有好幾尾大魚，這個商人稱讚了一番漁夫的捕魚技術。

「你抓這些魚要花多久時間？」商人問。

「大概半天功夫吧！」漁夫回答。

「那你爲甚麼不工作時間長一點，多抓一些魚呢？」商人問。

「這些就夠我一家溫飽了啊！」漁夫回答。

「那你每天剩那麼多時間做什麼？」商人問。

「我可忙著哪！每天早上醒來，出海抓幾條魚，回來後跟孩子們玩一玩，再跟老婆睡個午覺，黃昏時，到村子裡跟哥兒們唱唱歌、玩玩音樂，很充實啊！」

「你這樣太浪費了！我是企業管理碩士，可以幫你發展生涯規劃。」商人說。

「你應該每天多花點時間去抓魚，然後存錢，買一艘大點的船，可以抓更多的魚，然後再買更多船，組織一個企業化的漁船隊。」

他繼續說：「到時候你就不必把魚賣給魚販子，而是直接賣給加工廠。過一陣子，就可以自己開一家魚罐頭工廠，自己控制生產和行銷，把企業做大，你就變成老闆啦！可以搬到大都市去住。」

漁夫問：「這樣大概需要多少時間啊？」

商人回答說：「十五到二十年就可以了。」

漁夫說：「那十五、二十年之後呢？」

商人說：「你就可以在家當皇帝啦！時機一到，你把股票上市，把股份賣給投資大眾，你的身價上億、成爲大富豪啦！」

漁夫問：「然後呢？」

商人回答說：「然後你就可以退休啦！你可以搬到海邊去住，跟老婆享享清福，每天釣釣魚、唱唱歌、玩玩音樂。多愜意呀！」

漁夫疑惑地問：「那我現在不就已經在過這樣的日子嗎？幹嘛忙幾十年再回

到原點呢？」

朋友！我們的人生到底在追求甚麼呢？如果窮畢生之力不過回到原點，那又忙什麼呢？

聖經中記載基督徒的人生觀。耶穌說：「人的生命不在乎家道豐富。」（路加福音十二章十五節）。又說：「人若賺得全世界，賠上自己的生命，有什麼益處呢？」（馬太福音十六章廿六節）

朋友！人生汲汲營營的追逐是沒有意義的，世俗眼中的成功也只不過是回到原點罷了。

人的生命不在乎家道豐富。

路加福音十二章十五節

電腦與醫生

一九七〇年代中，艾德羅伯成功地創造了世界上第一部個人電腦。當時他雇了年僅十九歲的比爾蓋茲爲他寫電腦軟體。

一九七七年，艾德羅伯賣掉他的電腦公司，買了個農場。七年以後，他進入醫學院學醫，當時已經是四十一歲。現在，比爾蓋茲是世界最大電腦軟體公司微軟的董事長，根據《富比世》雜誌統計，是全世界最有錢的人。然而艾德羅伯還在小小的喬治城當醫生。

艾德羅伯說：「看起來個人電腦好像是我這輩子做過最有價値的事，其實不然。我現在每天面對的每個病人和症狀，其重要性都絕不輸給個人電腦！」

許多人替艾德羅伯惋惜，認爲他錯失了大富大貴的機會。

但事實上，艾德羅伯一點也不後悔，他覺得自己現在助人救人，生命更有意義！

他說：「這種內在的滿足感，絕不是財富和名位可以帶來的。」

每個人對人生的價值觀都有所不同。有人認爲財富最重要，拼命追求財富。有人認爲成功最重要，不斷追求地位。有人認爲愛情最重要，一直追逐愛情。也有人認爲助人最快樂，寧可捨棄榮華富貴，犧牲享受，享受犧牲。

艾德羅伯認爲，「能夠當醫生救人，比繼續開發電腦賺錢，對我的人生而言，更具意義！」

朋友！我們是怎樣評估我們的一生呢？是用財富嗎？地位嗎？還是用我們能為別人付出多少來評估呢？

你生命的意義如何？你能享受到那種內在的滿足感嗎？

聖經裡描述聖徒保羅顛簸的一生，在他死前，從提摩太後書四章七、八節裡，我們看到他對自己一生的評估。他很滿足於他自己的這一生。他的人生價值正是他所信仰的道及公義。

他很有信心地知道，真正評估我們的，並不是世人，而是上帝。

上帝會如何評估我們的一生呢？一個內在而深刻的聲音告訴我們，絕對不是用財富和名位來評估。而是用上帝的道和公義來評估。

讓我們再想想：我們的一生符合上帝的道和公義嗎？

那美好的仗我已經打過，當跑的路我已經跑盡，所信的道我已經守住。

……有公義的冠冕，……到那日要賜給我。

提摩太後書四章七、八節

最貧窮和最富有的家庭

在美國威斯康辛州的一個小鎮，有一個清寒的家庭，因為父親早逝，母親帶著四個孩子辛苦地過日子。平常，母親就到附近的牛奶工廠打工，賺錢勉強糊口。大哥自從上中學就開始半工半讀，放學後到隔村的養牛場去幫忙擠牛奶，賺點錢貼補家計。

最近，大哥得到威斯康辛大學的入學許可，搬到大學所在的麥迪遜城去住。他依然課餘到城裡的超市去打工，不過只能供應自己的學費和生活費，沒法負擔家計了。

二姐剛上高中，於是開始每週抽出兩天時間，在放學後到牛奶工廠幫忙打雜，為家裡增加一點收入。三妹及么妹都還在唸初中、小學。

自從大哥搬到麥迪遜城去了以後，家裡就剩下母親及三姊妹了。因平日省吃儉用慣了，生活倒也不虞匱乏。反而因虔誠的信仰，家庭氣氛溫馨和樂。

聖誕節的前一個月，教會新來的牧師在台上宣布，希望大家能在這個月裡把錢節省下來，在聖誕節做一個特別的奉獻，幫助教會中最貧窮的家庭過節。

聽了牧師的宣布，這個家庭的三姊妹彼此商量，準備省下一些不必要的開銷，並多賺一點錢，好幫助教會這個最貧窮的家庭。

媽媽本來要幫二姐買一雙新鞋的，但二姐看看她快磨光的鞋底，說：「不用給我買新鞋了，換個鞋底就好了，錢省下來做特別奉獻吧！」三妹也跟媽媽說：「我的制服不要買了，我穿姐姐那件舊的就可以了。」一直努力收集哈利波特每一集書的么妹也說：「我也不買哈利波特了，我跟同學借來看就好了。」

這個月，二姊增加了到牛奶工廠打雜的次數，兩個妹妹則到鄰居去做臨時褓母，幫忙照顧幼兒。一個月下來，三姊妹共攢了三百五十元，這是她們擁有最多錢的一次。

她們興高采烈地把這些錢換成新鈔，三張一百元及一張五十元，準備拿去奉獻。

聖誕節的前一個星期日，就是牧師宣布要做特別奉獻的那個主日，三姊妹興奮得連蹦帶跳走去教堂，迫不及待地把三百五十元投入那個特別奉獻箱去。這是她們辛苦賺來的錢，但當她們想到有一個窮困的家庭可以獲得她們的幫助，就覺得很快樂、很驕傲！

當天傍晚，牧師開著車子到三姊妹家來，給了媽媽一個信封袋。倒出來時，裡面是三張一百元、一張五十元的新鈔，以及一些五元及一元的舊鈔票，總共四百四十四元。那三張一百元及一張五十元新鈔，不正是三姊妹早上捐出去的嗎？

媽媽送牧師走後，三姊妹沉默的臉上，噗噗地掉下淚來。原本在奉獻的時候，她們以為自己非常「富有」，可是，現在卻一下子變成了最「貧窮」的一家！儘管她們生活並不富裕，但食衣住行都不缺啊！她們從來就不覺得自己是窮人；直到牧師送錢來時，她們才知道，在教友的眼中，她們是最貧窮的「窮人」。

她們突然感到好羞愧！她們不想再去教會了，因為大家都知道她們是教會中「最貧窮的家庭」。她們不想再去被別人當成窮人看！

聖誕夜，哥哥從城裡回來了，還帶了一位無家可歸的同學回來過節。那位同學是個孤兒，家境非常貧窮。三姊妹及媽媽熱忱地款待他，讓他十分感動。三姊妹一點都不覺得自己家窮，因爲「窮人怎麼幫助得起窮人呢？」她們還是覺得自己很富足。

又到了星期天，媽媽強迫三姊妹還是要去上教堂。三姊妹想起上星期的事，走在路上，步履蹣跚，心情沉重。個個臉色十分難看。

那天，教會來了一位剛從非洲薩伊（原來的比屬剛果）宣教回來的宣教士，他說，薩伊是個非常貧窮的國家，很多人住在沒有屋頂的房子裡，還經常三餐不濟。那裡的教會是用曬乾的土塊建造的，需要錢蓋屋頂，也需要有錢準備一些食物，讓村民在星期日上教堂時至少可以免除飢餓。宣教士在台上說：「請大家奉獻一些錢來幫助這些貧窮的非洲人好嗎？」

這時，三姊妹不約而同地望向媽媽，只見媽媽微笑地點點頭，拿出上星期牧師給她的那個裝有四百四十四元的信封袋，奉獻了出去。三姊妹彼此互望一眼，露出了欣喜的笑容。

清點奉獻之後，牧師宣布：「今天的奉獻有五百三十元，全部捐給薩伊教會。」

宣教士喜出望外，他沒想到在這樣一個小鎮的小教會能得到那麼多的奉獻。他接過奉獻的錢，不禁說：「你們教會一定有很富有的人家！」

媽媽和三姊妹覺得很高興，也很驕傲，因爲她們正是這宣教士口中所說教會裡「最富有的人家」啊！

牧師讚許的目光投注在三姊妹和媽媽身上，他微笑點頭回答宣教士說：「是啊！她們眞的很富有！因爲她們有一顆願意給予的心！」

朋友！有一顆願意給予的心，就是最富有的人！

聖經上說：「施比受更為有福」（使徒行傳二十章卅五節）！能給予、幫助別人，就能感受到這份快樂而滿足的幸福！

窮人怎麼幫得起窮人呢？自己沒有，當然幫不了；能幫，就表示你有！

一個人是否「富有」，並不在於錢財的多寡，而在於心靈的世界。錢財買不到真愛、買不到喜樂，更買不到天國的財寶！而一顆願意給予的心靈，卻能為自己積聚財寶在天上，成為富有的人。

倒空錢囊，卻能飽滿心靈。讓我們做那施予的人！

耶穌聽見了，就說：你還缺少一件：
要變賣你一切所有的，分給窮人，就必有財寶在天上。

路加福音十八章廿二節

Part 2

誰爲你擋子彈？

能否得到豐富的人生，
取決於你能不能欣賞生命的核心價值。

被奴役多久？

一個小男孩跟姊姊到爺爺奶奶家去度假。

小男孩拿了一把玩具槍在林中玩耍，但他總是打不中靶，很沮喪地走回家。在回家的路上，他看到奶奶心愛的鴨子搖搖擺擺地走著，一時衝動，他把玩具槍對準鴨子，子彈擊中鴨子的頭部，居然把它給殺了。

他自已也嚇一大跳，又驚慌又難過，慌亂間把鴨子藏在木頭堆裡。他姊姊看到了這一幕，但她答應弟弟不說出來。

飯後，奶奶叫姊姊洗碗，姊姊說：「弟弟說他今天要幫忙洗。」說完，隨即附在弟弟耳邊小聲說：「記得鴨子的事嗎？」於是弟弟乖乖地去洗了碗。

下午，爺爺問有沒有人要跟他去釣魚？奶奶說：「弟弟去吧，姊姊要留在家裡幫我做晚飯呢。」

可是小姊姊卻說：「不不，弟弟說他要幫忙做飯。」同樣的，小姊姊又附耳對弟弟小聲說：「記得鴨子的事嗎？」於是弟弟乖乖地留在家裡，姊姊跟爺爺去釣魚了。

幾天下來，弟弟做了他跟姊姊兩人雙份的家事。最後，他再也忍不住了。他走到奶奶面前，跟奶奶說：「奶奶！對不起！我那天不小心射殺了您的鴨子，請您原諒我。」

奶奶蹲下來，慈愛地抱住他，說：「親愛的，我早就知道這件事了。我那天正好站在這個窗前，我看到所有的一切啊！」

弟弟詫異地問：「那您爲什麼一直沒有責罵我呢？」

奶奶說：「因爲我愛你，所以我原諒你啊！我只是奇怪，你到底要讓姊姊奴役你多久？」

朋友！你是否因遲遲不肯懺悔，以致心靈被綑綁，被過犯所奴役，成為罪的奴僕呢？

你還要繼續被奴役多久呢？

要脫離被奴役與綑綁，成為完全自由的人，只有一個方法：懺悔。

聖經上說：「我們若認自己的罪，上帝是信實的，是公義的，必將赦免我們的罪，洗淨我們一切的不義。」（聖經約翰一書一章九節）

又說：「因為知道我們的舊人和祂同釘十字架，使罪身滅絕，叫我們不再作罪的奴僕。」（羅馬書六章六節）

你，認罪悔改了嗎？

你，自由了嗎？

所有犯罪的，就是罪的奴僕。

約翰福音八章卅四節

誰要這兒子？

有一個富商跟他的兒子十分喜愛藝術品，他們收藏了許多名家的畫，從梵谷到畢卡索，都是他們名貴的珍藏。

越戰爆發，兒子被徵調戰場。不久，父親接獲兒子戰死的訊息，他非常傷慟。

越戰結束後有一天，一位青年來找這位父親。

「先生，我是你兒子的朋友，我的命是你兒子救的。」這位青年說。

「那天在戰場上，我受傷了，你兒子正在救傷患。就在他把我搬到安全的地方時，他被子彈擊中，死了。」傷慟的追憶讓氣氛變得沉默。

過一會，這個青年人拿出一幅畫，對那位父親說：「這是我爲你兒子畫的肖像。我雖然不是什麼藝術家，畫得不好，可是我想，或許你想保有它。」

父親看著畫中的兒子，看到年輕人眼中兒子高貴的眼神，眼淚不禁流了下來。

「多謝！我當然要！但我該付你多少錢呢？」父親問。

「哦！這是禮物，不要錢。你兒子救了我的命，我一輩子都還不了的。」青年回答。

父親非常珍愛這幅畫。每當朋友來參觀他的名畫收藏，他總是先介紹這幅畫，引以爲傲。

不久，這位父親也過世了。爲了拍賣他的許多名畫收藏，舉辦了一個拍賣會。

許多社會名流、古董商、藝術家都親自出席，看名畫的拍賣。

第一幅要拍賣的就是這幅兒子的肖像。

「誰要爲這幅畫出價？」拍賣官問。

會場一陣沉默。

「別浪費時間了，誰要這幅沒名氣的畫？趕快把眞正的名畫拿出來！」出席者不耐煩地喊著。

但是拍賣官堅持著：「有沒有人要出價？一千元？兩千元？」

拍賣會場又響起一陣不耐煩：「我們不是來看這幅畫的，我們是來看梵谷等名家的畫。趕快跳過這幅吧！沒人要的。」

但是拍賣官繼續堅持，他喊著：「誰要這兒子的畫像？誰要這兒子？誰要帶走？」

最後，一個微弱的聲音從拍賣會場的最後排響起：「一百元！」

那是這富商家的園丁，替這家主人工作了十多年。

他出不起高價，但他對這個兒子十分懷念，尤其聽說他是因救人死在戰場上，非常令他感動。

「有人出價一百元！有沒有更高的？兩百元？」拍賣官問。

「一百元賣給他啦！快點！別再浪費我們的時間！」現場的買家幾乎憤怒地吼起來。他們只想看那些名畫、做投資。

終於，拍賣官敲下了槌子：「一次！兩次！賣了！一百元！」

「好了！現在可以開始看名畫了吧？」底下的人催促著。

沒想到，拍賣官收起槌子，說：「對不起！拍賣到此結束！」

「那其他的名畫呢？」在場所有的人都非常詫異地問。

拍賣官說：「我被找來主持這項拍賣會的時候，他們不准我先公佈遺囑的內容，要我到拍賣結束時才能宣佈。現在，我可以宣布了。」

「眞正要拍賣的只有這幅兒子的畫。誰買下這幅畫，就可以繼承這富商所有的遺產，包括其他那些名畫在內。」拍賣官宣布。

「要這個兒子的人，等於要得了全部！」

朋友！這是一位聰明的父親，他立下了一個聰明的遺囑。凡是懂得欣賞他兒子高貴氣質的人，配得他所有的財富。

兒子正是父親最高的「核心價值」。

基督教的教義正像這個故事一樣，這個兒子正是聖子耶穌。要這個兒子的人，等於得了全部！

聖經上記載，兩千年前，上帝把獨生子耶穌給了世人，凡信這兒子的，必得永生。得了永生，就等於得了生命的全部！耶穌說：「我就是生命的糧。到我這裡來的，必定不餓；信我的，永遠不渴。」（約翰福音六章卅五節）

你配不配得著生命的豐富，就看你能不能欣賞生命中最崇高的那部份「核心價值」。

凡有的，還要加給他，叫他有餘；凡沒有的，連他所有的，也要奪去。

馬太福音十三章十二節

誰爲你擋子彈？

第二次世界大戰期間，美國海軍與日本交戰，有一名二十一歲的士官威廉・德弗威在戰場上。

他是一位無神論者。他的同僚及隨軍牧師曾向他傳講過許多福音，並講述聖經給他聽，但他都不信，並且絲毫不受影響。

就在這個部隊第一次與日本軍正面交戰的時候，他的同伴有許多都陣亡了。這時，隨軍牧師也受了重傷。

在即將斷氣之前，牧師叫德弗威過來，對他說：「請你……左邊的口袋……聖經……」牧師示意要德弗威幫他從左邊的口袋取出聖經來。

牧師斷斷續續地說：「請你……拿著這本聖經。我昨天晚上作了一個夢……夢中，一位天使出現，告訴我一定要把這個給你……你一定要拿著……拜託……一定……」

德弗威不忍拂逆牧師的遺言，就順手把聖經放在上衣口袋裡。

不久之後，一群日本兵迎面而來，見到德弗威跟幾名美國兵，舉起槍來就砰砰掃射。

德弗威在還沒有反應過來之前，就已經中彈倒地了。

他整個人陷入一片黑暗，認爲這下死定了。

但當他清醒過來，胸腔一陣陣的疼痛。他用手摸摸胸膛，奇怪！竟沒有流血。

他仔細一看，子彈剛好射進他胸前口袋的聖經裡，救了他一命。

而子彈嵌入聖經的地方，正是詩篇九十一篇七節。

那一句經節說：「雖有千人仆倒在你旁邊，萬人仆倒在你右邊，這災卻不得臨近你。」

德弗威在驚嚇中省悟過來，原來上帝藉著隨軍牧師的聖經向他顯現，拯救了他的生命。德弗威從此決定一生爲上帝所用。

朋友！所謂「天意」，正是一連串「巧合」所組成。正面思考的人，往往能透視許多「巧合」，看到上帝「刻意」的預備！

聖經事先就明說，「奇蹟乃是顯現給上帝預先所揀選為祂作見證的人看的。」（使徒行傳十章四十一節）耶穌又說：「你因看見了我才信；那沒有看見就信的有福了。」（約翰福音二十章廿九節）

能探求天意的人，必能順應天意而行。而且會對上帝心存感恩與尊敬。用這樣的態度面對人生，就必帶來更多的奇蹟與巧合。

在「天人合一」的境界，奇蹟已不再是巧合，而是確切、有把握的「天註定」。

> 第三日，神叫他復活，顯現出來；
> 不是顯現給眾人看，乃是顯現給神預先所揀選為祂作見證的人看的。
>
> 使徒行傳十章四十、四十一節

天鵝和暴風雪

有一個無神論者，他太太是位虔誠的基督徒，並以基督的道理教養孩子。他經常取笑他太太，說：「太荒謬可笑了！爲什麼神要貶抑自己成爲人呢？這根本是編出來的故事！」

一個下雪的星期天，他太太帶著孩子去教堂，他獨自留在家裡，坐在火爐旁邊取暖。這時，外面的風雪突然加大，成了暴風雪。他聽到屋外有聲音響起，走出去查看，原來是一群天鵝。它們顯然是要飛到溫暖的南方避寒，卻遇到這場暴風雪，阻擋了飛行。

這群天鵝停落在這個人空曠的農場上，沒東西吃，也沒有地方避風雪，只是不斷拍著翅膀轉圈子，想等暴風雪過了再繼續飛行。

這人看了，覺得很同情，他想：「或許可以利用我們家的穀倉，讓這群天鵝避一下暴風雪。」

於是，他把穀倉的門打開來，希望這群天鵝會注意到他的動作而進來。但他等半天，天鵝群卻渾然不覺。他走近它們，想引它們注意，可是居然把它們嚇得跑開。

他回屋裡去拿了一些麵包，撕成一小塊塊，想把天鵝誘進穀倉裡，可是也沒有用。

他吹口哨趕它們，或拿掃把趕它們，只是把它們趕得到處亂飛，它們就是不飛進穀倉。

他很挫折，心想：「你們怎麼這麼笨呢？怎麼都不曉得要聽我呢？這裡才是你們的避難所啊！」「我該怎麼做才能救你們呢？」他嘀咕著。

想了一會兒，他自言自語說：「除非我能變成一隻天鵝，你們才會聽我，我才可能救你們！」

反覆說了幾次，突然，他意識到自己說的話，他跳起來，一下子明白了！上帝的心意不正是如此嗎？他領悟到：「我不正是這群笨天鵝嗎？」

朋友！整個基督教的精義就在於：耶穌是神，但降世為人，救贖人類的罪。

許多人雖認同基督教其他教義，卻總是無法接受神降世為人的說法。這個故事提供你一個另類思考。換個角度想問題，就不難明白這個奧秘了。

世人正如那群笨天鵝，不曉得要躲到穀倉裡去避暴風雪。神於是自己變為人，道成肉身來到世上。因為唯有如此，方能讓人明白。

即使如此，那些還是不願躲進穀倉去避風雪的天鵝，你覺得又如何呢？

> 上帝愛世人，甚至將他的獨生子賜給他們，叫一切信他的，不至滅亡，反得永生。
> 因為上帝差祂的身子降世，不是要定世人的罪，乃是要叫世人因祂得救。
>
> 約翰福音三章十六至十七節

珍珠項鍊

有一個五歲的小女孩名叫凱凱，她跟媽媽去買東西，正在等媽媽付錢結帳。這時她看到一串項鍊，裝在粉紅色的盒子裡。

「媽咪！我想要買這個！拜託！媽咪！拜託！」

媽咪看看標價，九十九元。她對著女兒期待的眼神回答說：「差不多是一百塊錢，如果你眞的想要，我會多找點家事讓妳幫忙，妳很快就可以自己賺到錢買。而且下星期妳過生日，外婆也會再給妳五十塊錢。」

凱凱回到家，忙去打開她的小撲滿，數一數，有二十元。晚飯後，她除了幫媽媽收碗筷擦桌子以外，又幫媽媽倒垃圾，多賺了十五塊錢。

隔天一早，她又去隔壁李媽媽家，問說可不可以幫她拖地，再賺十五塊錢。

她生日那天，外婆眞的給了她五十塊錢。她終於存夠了，高高興興地去把項鍊買下來了。

凱凱很喜歡她的項鍊，可以讓她打扮得像個大人。她無論到哪裡都戴著，上學，上教堂，甚至上床，都不肯把這串項鍊脫下來。只有在游泳或洗泡泡澡的時候才暫時脫下來一下下，因爲媽媽告訴她說：「項鍊浸到水就會生銹，那漂亮的珠珠就會變成醜醜的綠色了。」

凱凱有一個非常疼愛她的爸爸，凱凱也愛爸爸。每晚睡前，爸爸一定都會停下手邊的事情，到她床邊講故事給她聽，然後親親她的小臉，拍她入睡。

這天晚上，爸爸講完床邊故事後突然問她：「寶貝，妳愛我嗎？」凱凱回答說：「當然愛呀！」

「那你把項鍊送給我好不好？」爸爸問。

凱凱回答說：「不要這個項鍊嘛！我給你我的小馬，紅色尾巴的小馬，我最愛的小馬，好不好？」

爸爸說：「沒關係！爸爸愛你！睡吧！」於是親吻她、道晚安。

一星期之後，爸爸又問凱凱：「寶貝，妳愛我嗎？」凱凱回答說：「當然愛呀！」

「那妳把項鍊送給我好不好？」爸爸又問。

凱凱回答說：「不要這個項鍊嘛！我給你我的洋娃娃，我生日禮物的那個漂亮的洋娃娃，我最愛的洋娃娃，好不好？」

爸爸說：「沒關係！爸爸愛你！睡吧！」於是又親她入睡。

幾天之後，爸爸進來給凱凱講床邊故事的時候，突然發現小凱凱兩頰顫抖，一顆淚珠從大眼睛裡滾下來。爸爸問：「寶貝！怎麼回事？」

凱凱沒有說話，只是把手伸向爸爸，手裡正是那串爸爸向她要了好多次她都捨不得給的珍珠項鍊。她終於唏嘘地說：「爸爸！這個給你！」

爸爸一手接過項鍊，一手伸向他自己的口袋，拿出一個天鵝絨的小盒子，遞給他親愛的小寶貝，說：「謝謝妳把最心愛的東西送給我。我知道那是妳自己省下零用錢買的。可是寶貝，我也有一樣東西要送給妳呢！跟妳的禮物交換喔！」

凱凱打開美麗的天鵝絨盒子，驚呼起來！那是一條名貴的、真的珍珠項鍊，是不會生銹的項鍊。它閃閃發光，照映著凱凱的眼睛。爸爸說：「這下妳可以一直戴著它，連洗澡都不用脫下來了呢！」

朋友！拿假的珠鍊去換真的珠鍊，你願不願意？拿小餅乾去換大蛋糕，有誰會拒絕？但首先，你要先放掉手裡原來的那個。

人生也是這樣，能捨，就能得！上帝應許要給我們一個大禮物，只要我們願意先放下自己。

我們不會知道上帝的禮物到底有多好，除非我們先放下自己的「老我」，拋開原來佔據我們的纏累，才能清心接受這個上帝已經準備好要給我們的賞賜！

我們既明知有一個大禮物在等我們，比我們原來的還好還大，那又何妨先捨掉原來的次級品呢？

他是除去在先的，為要立定在後的。

希伯來書十章九節

繩子

有一個登山者一心一意想要登上世界第一高峰，他經過多年的準備，決定出發。他想要獨享征服高峰全部的榮耀，於是選擇單獨行動。

他開始努力往上爬，直到天色逐漸暗了下來。但是他求功心切，並沒有停下來準備夜宿的露營帳棚，反而繼續往上爬。山裡的夜晚非常暗，這名登山者趁著一絲月光，在黑暗中仍小心翼翼地攀爬。

就在快到峰頂的時候，一朵烏雲遮住了月光，黑暗籠罩，伸手不見五指，什麼也看不見。他一不小心，腳下一滑，整個人摔了下來。在他快速向下掉落的過程中，他所能看到的只是身旁一點一點的黑影。地心引力導致墜落的感覺十分恐怖。

突然間，他感到腰間的繩子重重地拉住了他，他沒有墜落到谷底或岩石上，他被繩子整個拉住，懸在半空中，他還能感受到搖晃的力量，總之，他靠著繩子停住了墜落。

可是，上不接天、下不著地的危險狀況令他十分害怕，他本能地大叫：「上帝啊！救救我！」

這時，有一個聲音響起：「你眞的相信我能救你嗎？」登山者趕忙說：「相信！我當然相信！」

那個聲音說：「那就割斷你腰間的繩子！」

停了半晌，登山者沉默了，他無法放棄那條救他命的繩子。

隔天，登山搜救隊發現，有一具凍僵了的屍體懸掛在半空中，令人扼腕的是，他只離地面十幾公尺而已。

朋友！你是否也像這名登山者，向上帝呼求卻又不信任上帝的指引？你是否還依賴自己的經驗判斷，自作聰明，就像登山者依賴那條繩子？

聖經教導我們：要專心仰賴上帝，不要倚靠自己的聰明。上帝的意念高過我們的意念，上帝的智慧高過我們的智慧。

但是在接受上帝的福份之前，我們必須先割斷綑綁我們的繩子。我們自以為是的聰明正是那條綑綁我們的繩子。你願意丟棄它嗎？

你要專心仰賴耶和華，不可倚靠自己的聰明。
在你一切所行的事上，都要認定祂，祂必指引你的路。

箴言三章五至六節

苦毒的重擔

有一天，有位老師叫班上每個同學各帶一個空袋子到學校，並叫大家到雜貨店去買一大袋馬鈴薯。大家都有點莫名其妙，不過都照著做了。

第二天上課的時候，老師問大家：「你們每一個人都想想，有沒有人得罪了你、而你實在不願意原諒他的？」

她叫大家為每一個自己不願原諒的人選一個馬鈴薯，她說：「將這個人的名字以及得罪你的日期都寫在上面，再把馬鈴薯丟到空袋子裡。」

大家都覺得蠻好玩的，快放學的時候，很多小朋友的袋子裡都有了不少馬鈴薯。

麥可就興沖沖地丟了十個馬鈴薯進袋子裡：「瑪莉說我新理的頭髮很醜，丟一個。艾克打了我的頭，丟一個。吉米不肯讓我抄他的作業，丟一個。……」每件事都讓麥可欣然地丟個馬鈴薯到袋子裡，還發誓絕不原諒這些人。

下課的時候，老師說：「在這個星期裡，不論你們走到哪裡，都要帶著這個袋子，這是本週的作業。」

於是，小朋友們扛著袋子上學，扛著袋子回家，甚至和朋友出去玩，也不例外。

一星期以後，那袋馬鈴薯就不那麼好玩了，變成了相當沉重的負荷。每個小朋友都覺得袋子很沉重。麥可的袋子裡就有差不多五十個馬鈴薯。

小朋友們開始跟老師抱怨：「老師！馬鈴薯的袋子快把我們壓垮了，這項作業什麼時候會結束啊？」

老師回答說：「你們現在知道不肯原諒別人的結果了嗎？會有多大的重量壓在自己肩膀上？你們不肯原諒的人愈多，這個擔子就愈重。」

「那麼，這個重擔該如何是好呢？」老師停了幾分鐘，要大家先想一想。

然後，她公佈答案：「放下來就行了！」

朋友！苦毒、怨恨的重量很沉重，往往是我們身體所擔負不了的。

聖經強調饒恕，說：「你們饒恕人的過犯，你們的天父也必饒恕你們的過犯。」（馬太福音六章十四節）

又說：「倘若這人與那人有嫌隙，總要彼此包容，彼此饒恕。主怎樣饒恕了你們，你們也要怎樣饒恕人。」（哥羅西書三章十三節）

當你饒恕，就等於把重擔放下了！

饒恕的好處，你自己享受到的絕對比對方還多。

那時彼得進前來，對耶穌說：「主啊！我弟兄得罪我，我當饒恕他幾次呢？到七次可以麼？」耶穌說：「我對你說，不是到七次，乃是到七十個七次。」

馬太福音十八章廿一至廿二節

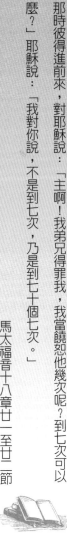

糖罐與窄門

有一個小男孩正在起居室裡玩耍，他看到媽媽裝糖果的罐子就在旁邊，他決定自己去拿糖果來吃。

他把手伸進糖果罐裡，那個糖果罐的瓶口非常窄，小男孩把手伸進去之後，怎麼樣都拔不出來。

小男孩試了很多次都沒有用，於是哇哇大哭起來。

媽媽聽到小男孩的哭聲，忙過來看是怎麼回事。她幫著小男孩用力拉，可是，不但手沒拉出來，小男孩還痛得大叫。媽媽只好去叫爸爸來想辦法。

爸爸說：「再試試看，真的不行就只有把糖果罐打碎了。」可是那也是一件很危險的事，有可能傷到小男孩的手。

爸爸對小男孩說：「把你的手指頭全部伸直，再試一次，瞧，就像這樣，然後用力往外拔！」

爸爸用自己的手示範給小男孩看，並仔細解釋給小男孩聽。

小男孩遲疑了一下，對爸爸說：「那我手裡的糖果怎麼辦？我就是要拿糖果來吃的啊！」

爸爸這才明白，原來，小男孩捨不得放掉他好不容易拿到的糖果，他的小手握著糖果，當然沒辦法從糖果罐子裡拔出來了。

爸爸說：「傻孩子！你先放掉，等下爸爸會給你很多很多的糖果。你想要幾顆，爸爸就給你幾顆！」

朋友！我們的世界就好比是這個糖果罐子，當我們貪戀世俗的一切時，抓得越多，就越無法進天國。

聖經形容天國的門是窄的：「引到永生，那門是窄的，路是小的，找著的人也少。」（馬太福音七章十四節）

耶穌又說：「倚靠錢財的人進上帝的國，是何等的難哪！」（馬可福音十章廿四節）

唯有當我們願意放開世俗的一切貪戀，我們才進得了天國。

而當我們進入天國時，天父早已準備好更多的糖果，任我們取用了。

去變賣你所有的，分給窮人，就必有財寶在天上。

馬可福音十章廿一節

善有善報

一個蘇格蘭的貧農在田間工作，忽然聽到附近的水潭有孩子喊救命的聲音。他急忙跑過去。看見一個滿身汙泥的男孩在掙扎，越陷越深，就要沉下去了。

農夫趕忙跳下水去把孩子救起。

第二天，一輛豪華轎車來到農夫的家門口。一位穿著入時的貴族來訪，自稱是男孩的父親。

這名貴族對農夫說：「謝謝你救了我的兒子，我要如何報答你呢？」

農夫說：「這不算什麼！你不用報答我！」

正在這時，農夫的孩子走出家門。

貴族問：「那是你兒子嗎？」

農夫說：「是啊！」

貴族說：「那這樣吧，讓我帶他去我家，給他受好的教育。」

「如果他像他父親一樣，具有樂於助人又不求回報的高尚品格，將來必定會有成就。」貴族說。

農夫稱謝，接受了。

後來，那個農夫的孩子進了倫敦大學的聖瑪利亞醫學院，成了醫生，又在母校執教，成爲聞名的學者，就是佛來明教授（Alexander Fleming, 1881-1955）。

佛來明教授在一九二八年發現了盤尼西林。經過了長達十年的研發，盤尼西林終於進入臨床試驗階段。

這時候，英國首相邱吉爾（Winston Churchill, 1874-1965）罹患了肺炎，在當時是不治之症，幸好有新藥盤尼西林，才得以痊愈。

而邱吉爾的父親，正是那位資助佛來明求學的貴族藍道夫．邱吉爾爵士（Lord Randolph Churchill）。

朋友！「善有善報」，這是古今中外不變的至理名言。

樂於幫助別人的，上帝也必獎賞他。聖經上說：「各人所行的善事，都必按所行的得主的賞賜。」（以弗所書六章八節）

又說：「你們的富餘，現在可以補他們的不足；使他們的富餘，將來也可以補你們的不足。」（哥林多後書八章十四節）

免我們匱乏、補我們不足，正是上帝給我們的賞賜。

要你們的富餘，現在可以補他們的不足，使他們的富餘，將來也可以補你們的不足。

哥林多後書八章十四節

你在意什麼？

有一個原住民長年住在山裡。他得了一個大獎，要到台北領獎。

有一天，他和朋友走在路上，正要穿越馬路時，這位原住民突然對朋友說：「你聽到蟋蟀在唱歌嗎？」

朋友笑著說：「您大概被車子的引擎聲吵太久了。台北市大馬路上怎麼可能有蟋蟀呢？」

又走了兩步路，這位原住民又說：「眞的有蟋蟀！我清楚聽到它們在唱。」

朋友笑起來：「您瞧！那兒正在施工，機器的噪音那麼大，怎麼聽得到蟋蟀聲呢？」

這位原住民二話不說，立刻走到馬路中間的安全島，在草地上翻開一片矮樹叢，招呼台北朋友來看。果眞，兩隻蟋蟀正在高歌呢！

台北朋友大呼不可思議！臉上露出不可置信的表情。

「您的聽力實在是太好了，能在這麼吵的環境下還聽得到蟋蟀的聲音！」

這位原住民說：「你也可以啊！每個人都可以的！只是每個人在意的對象不同而已。」

「要不要來實驗一下？」他說。

他跟朋友把口袋裡的零錢都掏出來。好幾個五十元銅板和十元銅板。

他走到人行道上，說：「注意看喔！注意看那些路人！」

他把銅板拋到人行道上，果然，好多路人都聽到了聲音，轉過頭來看。甚至有的人開始彎下腰來撿錢。

他說：「看吧！大家的聽力其實都差不多。只不過你們台北人對錢比較在意，我們原住民對大自然比較在意而已。」

朋友！你在意什麼呢？是金錢嗎？是名利嗎？還是天道？你聽得到錢的聲音，聽得到上帝的聲音嗎？

如果我們把全副注意力都放在金錢上，上帝的聲音就進不了我們的心。聖經上說：「你們不能又事奉上帝，又事奉瑪門（金錢）。」上帝的聲音可以是天道，可以是良知，是必須很用心、很在意才聽得到的。

如果我們的心被世俗的金錢或物質慾望塞滿，就容不下上帝了。金錢及物質變成我們心目中崇拜的偶像，於是貪婪、現實、爭競、忌妒跟著來，憂慮、煩惱、破壞、滅亡緊接在後面。

只留心聽錢的聲音，終會導致毀滅；但留心聽上帝的聲音，卻有平安與喜樂！

一個僕人不能事奉兩個主；不是惡這個愛那個，就是重這個輕那個。你們不能又事奉上帝，又事奉瑪門（金錢）。

路加福音十六章十三節

別把他搖醒！

有一個人，在救世軍（註）舉辦的街頭福音大會中站起來說話，呼籲大家悔改信耶穌，說天國已經近了。

旁邊圍觀的群眾裡，出現一名專門找碴的路人。那人大聲說：「你最好閉嘴，坐下！你說這些，簡直是在作夢！」他不斷大聲批評那位站起來說話的人。

不久，這個找碴的人感覺到他的外衣被輕輕拉了拉，他低下頭來，只見一個小女孩站到他身邊。

小女孩說：「先生！我可以跟你講話嗎？」

這個找碴的路人停止了批評，好奇地看著這個小女孩。他向她點點頭，心裡狐疑著不知道她要跟他說什麼

小女孩小小聲地跟他說：「先生，站在那邊講話的是我爸爸呢！」

她說：「我爸爸以前是個酒鬼，他總是把所有的錢拿去買酒喝。我媽媽拿他

一點辦法也沒有。我媽媽很傷心，總是一直哭。有時候我爸爸喝醉回家，還會打我媽媽。」

「我也很可憐，上學連一雙像樣的鞋或一件像樣的衣服都沒有。」

她繼續說：「可是你看我現在，看我這雙新鞋，看我身上這件新衣裳，都是最近我爸爸買給我的耶！」

她又指指角落那邊一位站著微笑的婦人，輕聲說：「你瞧，那就是我媽媽！你看她笑得多開心啊！她現在可快樂了，連燙衣服都還會唱歌呢！」

小女孩說：「先生！如果我爸爸眞的是在作夢，那求求你，讓他繼續作下去，可千萬別把他搖醒啊！」

朋友！宗教信仰能夠改變一個人，就像這個故事所描述的一樣。接受了上帝的道，必然會脫去從前行為上的舊人，穿上新人，將心志改換一新。這就是真理讓人重生而改變的奧秘。

別人看到信徒重生後的改變，就像作夢一樣。故事中的小女孩覺得這個夢太美妙了，倘若是假的，也不願意醒來。

享有重生的生命，正如美夢成真！

如果你們聽過祂的道，領了祂的教，學了祂的真理，就要脫去你們從前行為上的舊人。這舊人是因私慾的迷惑，漸漸變壞的。又要將你們的心志改換一新，並且穿上新人。這新人是照著上帝的形像造的，有真理的仁義和聖潔。

以弗所書四章廿一至廿四節

註：救世軍誕生於一八六五年英國倫敦的街頭，創辦人爲卜維廉和其妻卜凱賽琳。卜維廉原爲循道會牧師，因看到貧苦大眾和勞動階層，遂辭去牧師之職，希望向這些普羅大眾傳道。他們在倫敦東部看到酗酒者、飢餓的孩子，感到痛心非常，希望透過行動與他們分享神的愛。結果，他們成立了基督教佈道團，採用軍隊的組織和階級編組，效果出奇地好，拓展十分迅速，目前在全球一百零九個國家都有分支機構。

輸血捨命

有一個小女孩，患了很嚴重的病。她唯一痊癒的機會是必須從她五歲的小哥哥身上輸血過來。

因爲她這位小哥哥當年也患了同樣的病，但奇蹟似地康復了，在他體內已經成功地發展出對抗這類病毒的抗體。如果能將這種抗體順利輸入小妹妹的體內，就可以消滅這些作怪的病毒。

醫生解釋這種狀況給小哥哥聽，親切地問他：「你願不願意把血輸給你的小妹妹，救活她呢？」

醫生告訴他說，只有他的血可以救小妹妹！

小哥哥遲疑了一下，深呼吸一口氣，然後說：「我願意！如果這樣可以救活她的話。」

小哥哥躺在妹妹的旁邊，微笑著看著妹妹蒼白的臉龐。他準備要爲妹妹犧牲了。他想到妹妹可以因他的血活起來，恢復以前的活潑可愛，他願意爲她犧牲。

輸血進行得很順利，隨著血液傳送到小妹妹身上，小妹妹的臉頰逐漸出現了紅潤的血色。

大家正欣喜地慶幸小妹妹的獲救，小哥哥的微笑卻一下子消失了。他一臉的蒼白，望著醫生，聲音顫抖地問：「那現在是不是該我要死了？」

原來小哥哥誤會了醫生的話，以爲要把他全部的血都給小妹妹才能救活她。既然看到小妹妹已經出現了血色，他以爲自己的血都給光了，那麼就換他要死了。

醫生微笑地向他解釋。小哥哥高興極了，覺得是死而復生。

護士阿姨在一旁看了，感動地對妹妹說：「你瞧哥哥多愛妳啊！就算爲妳死，他都願意呢！」

朋友！如果是你，你會像這位小哥哥一樣願意為妹妹捨命嗎？願意捨命，正是「愛」的極致。

聖經敘述耶穌正是這樣愛世人，願意為世人捨命。祂順服上帝的旨意，為人類的罪釘在十字架上。祂捨命，完成救贖。

「主為我們捨命，我們從此就知道何為愛。」（約翰一書三章十六節）

如果基督為你捨命，你捨何事為祂呢？

人子來，不是要受人的服事，乃是要服事人，並且要捨命，作多人的贖價。

馬太福音廿章廿八節

移動的不是我

有一對夫妻，新婚的時候感情非常甜蜜。

那時，當他們一起出門，開車時，先生坐在駕駛座上，太太雖然坐在旁邊的位置，但總是把身子靠過去貼著先生，頭靠著頭。從車後望去，看起來這個駕駛者像是有兩個頭似的。

二十五年以後，這對夫妻的感情變淡了，而且還經常因意見不同引起爭執。

當他們一起開車出門的時候，仍然是先生開車，可是太太卻坐在旁邊的位置上，跟平常的乘客一般無二。有時還將身子故意遠離先生，靠向車門。

有一天，他們又一同開車出門。

這位太太想起以前恩愛甜蜜的樣子，嘆口氣，有感而發地對先生說：「還記得我們剛結婚的時候嗎？」

「唔！怎麼樣？」先生問。

「我們在車上靠得好近，簡直像是雙頭的駕駛！」太太說。

停了一會兒，先生轉過頭看著太太，平靜地說：「是啊！親愛的！我記得！」

「可是和那時相比，移動的人可不是我呀！」

朋友！天行健！天是永恆不會改變的。這裡的「天」就是上帝。

世人跟上帝的關係就像故事裡的這對夫婦。當我們感覺到上帝離我們很遠的時候，請記住！移動的一定是我們，絕對不是祂！

我們往往不自覺地把身子移開，背離天道，放縱自己，遠離上帝。但是上帝卻總是在那裡，像一座堅固的磐石，並不移動。祂等我們自己回頭。

即使天地都改變了，祂也永不改變。祂的年數沒有窮盡。（希伯來書一章十二節）祂讓日頭照好人，也照歹人。祂是昔在、今在、甚至永遠存在。

不管我們處在順境或逆境，不管我們遭遇怎樣的困難，就算是大山挪開了，小山遷移了，但請記住！天無絕人之路！上帝對我們的慈愛從來沒有改變，從起初到永遠。

既然祂不移動，那麼，讓我們靠過去！順天者昌。

大山可以挪開，小山可以遷移。但我的慈愛必不離開你。我平安的約也不遷移。這是憐恤你的耶和華說的。

以賽亞書五十四章十節

Part 3

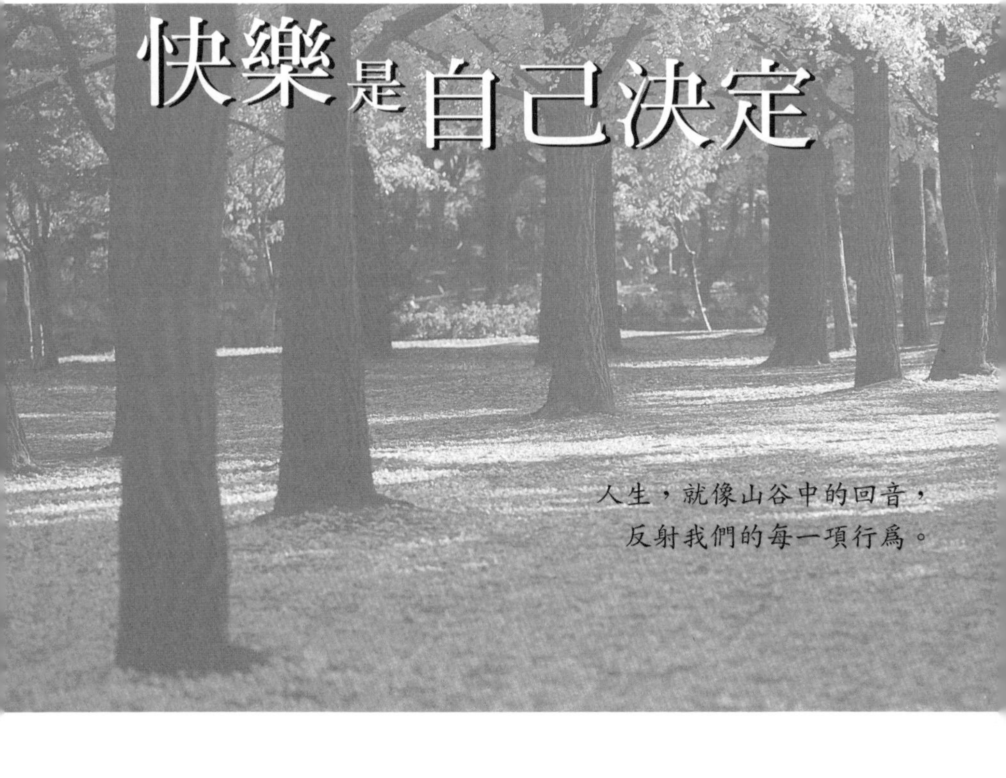

快樂是自己決定
人生，就像山谷中的回音，
反射我們的每一項行爲。

替自己做

有一個老木匠要退休了。他告訴老闆，他打算離開幹了一輩子的房屋建築業，準備好好休息，含飴弄孫。

老闆有點捨不得老木匠退休，因爲他爲他工作了大半輩子，蓋過無數間房屋，是很資深的老員工。

老闆想想，說：「這樣好了，你再幫我蓋最後一間房屋，就算是幫我一個忙吧！」

老木匠答應了，準備蓋完這最後一間房屋就離職。

老木匠一心想著退休，並沒有認眞蓋這最後一間房屋，甚至可以說是相當不用心。不但手工粗糙了許多，連一些建材也心不在焉地使用了好些次級品。

用這樣的態度跟表現，來爲他這輩子所從事的行業畫下句點，作爲他結束前的告別作，的確令人惋惜。

老木匠終於蓋好這間房屋了，懶洋洋地告訴老闆，要老闆前來驗收。老闆把整間房屋仔細看了一遍，然後拿出這間新屋的大門鑰匙，遞給老木匠，說：「這是你的房子了！是我送給你的退休禮物！好好享受你退休的日子吧！」

老木匠大吃一驚，萬分懊悔。多麼可惜啊！早知道這間屋子是造給自己的，他一定會用心點，把它造得美侖美奐。

朋友！你是否也常在心裡扼腕，說：「早知道如此，當初就該如何如何……！」

你是否也心不在焉地過著你的日月年歲？沒想到要為自己負責？等到末後才來懊悔，是否為時已晚？

人生，在多少個「早知道」中虛度？

要避免事後的遺憾，就要儆醒自己活在當下，認真忠心地做當下的每一件事。

不但在自己的工作上忠心，做別人的事也要像做自己的事一樣盡心盡力。

孔子教我們要常常反省自己，看有沒有「為人謀而不忠乎？」

聖經也教我們不可採取雙重標準，幫別人做時一個標準，替自己做時又是另一個標準。否則，不僅失掉別人對我們的信任，恐怕到最後，連自己該有的，也要失去。

認真地活！只要「一心一意」，不要「雙重標準」，更不要「三心二意」。

人在最小的事上忠心，在大事上也忠心。在最小的事上不義，在大事上也不義。
……倘若你們在別人的東西上不忠心，誰還把你們自己的東西給你們呢。

路加福音十六章十、十二節

釘痕

有一個小男孩，脾氣很壞，喜歡罵人、罵髒話、講狠話，已經成了習慣。

有一天，他爸爸給了他一袋釘子，要求他說：「你每次想發脾氣開罵的時候，就把一根釘子釘到籬笆上去。」

第一天，小男孩釘了三十七根釘子到籬笆上。

幾星期以後，他學會了如何控制自己，他每天釘到籬笆上的釘子越來越少了。他發現，控制自己不發脾氣，比把釘子釘到籬笆上要來得容易。

有一天，小男孩發現他已經完全能控制自己不發脾氣了，可以不必再釘釘子了。他把那袋剩下的釘子拿去還給爸爸。

他爸爸反過來要求他：「從現在開始，每次當你能夠自我控制住，把罵人的話吞回肚子去的時候，就可以把一根釘子從籬笆上拔出來。」

幾天過去，小男孩告訴爸爸，所有的釘子都拔出來了。

於是爸爸牽著兒子的手一起去看籬笆。

爸爸說：「兒子，你做得很好！顯然你已經能控制自己的脾氣了。」「可是你看看這些籬笆上的洞，千瘡百孔，籬笆已經不是原來的樣子了。」「你要知道，只要你一發脾氣，就傷了人。不管事後怎麼彌補，都還是會留下疤痕的，哪！就像這籬笆現在的樣子。」

朋友！當你對人發脾氣，不管事後再說多少次對不起，疤痕都還是會在那裡。

苦毒、咒罵、忌妒的言語，就像磨利的刀，比準的箭，一旦發出，非常傷人。

聖經上說：「言語暴戾，觸動怒氣。」（箴言十五章一節）還做了一個有趣的比方：「搖牛奶必成奶油，扭鼻子必出血。照樣，激動怒氣必起爭端。」（箴言三十章卅三節）

許多人發脾氣時常喜歡撂下「狠話」，其實心中並非真的有意如此，只是想

「嚇嚇他而已！」卻不知，狠話是長翅膀的利劍，刺傷了多少無辜的心靈。即使事後澄清是「說者無心」，但傷害已經造成。

遲來的正義雖然仍是正義，卻掩蓋不住歷經滄桑的疤痕。

下次，當你想說一些會讓自己後悔的話時，記住！控制你的脾氣。

> 從外面進去的不能污穢人，惟有從裡面出來的乃能污穢人。
>
> 馬可福音七章十五節

孤單的木炭

有一名基督徒長年固定於星期天上教堂，最近卻停止了，星期天的主日崇拜不再看到他的影子。

幾星期過後，牧師決定去探訪他。

在一個寒冷的冬天，牧師敲他的門。牧師發現這位基督徒自己一個人在家裡，坐在火焰熊熊的壁爐前面。

這人也猜到牧師來探訪他的原因，必然是要請他回去參加聚會。但是他心想：「信仰是我個人的事，何必一定要去教會呢？」

他請牧師進來，讓牧師坐在爐火旁的大椅子上，等待牧師說明來意。

牧師坐下後，並沒有說什麼。在一片死寂的安靜中，他們只是注視著壁爐中的烈火，那火焰正燃燒著木塊，發出滋滋的聲音。

幾分鐘過後，牧師拿起夾炭火的長夾子，小心翼翼地撿了一塊燒得通紅的木炭，夾到旁邊擱著。然後回到他的座位上，繼續沉默著。

這個主人也安靜地看著這一幕。

過不久，那塊燒紅炙亮的炭火閃過它最後一道光芒，很快就熄了。不再紅也不再亮。

冷卻後的炭火靜靜地躺在冰冷的地上，看起來只是塊黑黑的死木炭。

牧師仍然沒有說話。

不久，牧師起身，撿起這塊死掉了的黑木碳，把它再放回烈火當中。立刻，這塊黑木炭又開始燃燒起來，跟著旁邊一堆燒得正炙的炭火，一起發出熊熊的火燄。

牧師說：「回來跟我們一起燃燒吧！」

主人看懂了這場炭火秀，說：「謝謝！我下星期就回教會去。」

朋友！我們每個人就像一塊孤單的木炭，離了群體，只不過是一塊黑黑的死木炭；但是回到群體，卻可以和其他的木炭共同發出美麗的火焰。

基督教強調合群的團體生活，弟兄姊妹形成一個大家庭，彼此互相關聯，一起燃燒。

教會就是基督的身體，基督徒互為肢體，互相幫補、扶持。一個肢體受苦，所有肢體一同受苦。一個肢體得榮耀，所有肢體一同快樂。（哥林多前書十二章廿六至廿七節）

人其實是需要群體的。生命需要相互的激勵，方能迸出火花。「自掃門前雪」的社會，自私且孤單！

我們這許多人，在基督裡成為一身，互相聯絡作肢體，也是如此。

羅馬書十二章五節

喜樂的病人

有兩個病情很嚴重的病患同住一間病房。

一個病患每天下午要坐起來一小時，否則會氣喘。他的床位就在窗戶邊。另一個病患只能整天平躺在病床上。

病床上日子難過，他們倆人總是同病相憐，彼此鼓勵。

每天下午，那個能坐起來的病患都會望向窗外，然後向他的室友敘述所看到的一切。

那位只能躺著的病患每天就靠著這一個鐘頭的敘述，讓自己想像著外面的彩色世界，爲自己的病情增添活下去的勇氣。

他彷彿看到窗外的美好：望出去，是個偌大的公園，公園裡有一個湖，湖裡有野鴨跟天鵝。孩子們經常在湖裡玩船。年輕情侶手挽著手在散步，襯托著天邊的晚霞。遠處望去還有城裡摩天大樓的剪影。

日子一天天過去。

有一天，護士進來，發現這個能坐起來的病患身體靠在窗邊，已經沒有生命跡象，原來他安詳地在睡夢中過世了。

當護士移走他的遺體，剩下的那名病患馬上要求搬到靠窗的位置。

安頓好以後，這名病患忍著痛用手肘支撐著身子，向窗外望去，但是什麼也沒看見，迎著他的只是一堵白牆。

他問護士：「怎麼我那室友看到的公園和湖通通都不見了呢？」

護士望了望窗子，回答說：「不可能啊！這堵白牆在這裡已經十多年了，哪有什麼公園和湖呀！」

這名病患堅持地說：「可是他明明是這麼跟我說的呀！每一天他都這麼說！」

護士說：「怎麼會呢？他是個瞎子啊！他連這堵白牆都看不見呢！」

一陣沉默之後，護士說：「他可眞是用心良苦啊！他在跟你分享喜樂呢！這可是比吃藥還管用！你可別辜負他的心啊！」

朋友！躺在病床上的人格外需要喜樂。聖經說：「喜樂的心乃是良藥；憂傷的靈使骨枯乾。」（箴言十七章廿二節）

正如護士所說，喜樂的心比吃藥還管用。

將喜樂拿出來分享，就能散佈喜樂；利以又利人。

分享悲傷，悲傷會減半；分享喜樂，喜樂卻會倍增！

喜樂的心乃是良藥；憂傷的靈使骨枯乾。

箴言十七章廿二節

內涵與價值

有一名老師拿了一張一百元的紙鈔，問在場的一百名學生說：「我要把這一百元送給你們其中的一位。誰要這一百塊錢？」

在場的學生有一半舉起手來。

老師說：「但首先我要做幾件事。」

他把百元紙鈔揉搓成一團。然後再問：「誰還要？」

仍然有三分之一的人舉起手來。

他接著說：「那如果我這樣做呢？」

他把紙鈔丟在地上，然後用鞋子去踩它，再把它撿起來，紙鈔已經是又皺又髒了。

「現在誰還要它？」仍然還有十分之一的學生把手舉起來。

老師捏著骯髒的紙鈔，揚在同學前面，然後對紙鈔吐了一口痰，再丟到地上用鞋子去踩。一分鐘後再度撿起來，紙鈔恐怕已經充滿了細菌。

「現在誰還要它？」老師再問。

沒有人舉手了。

老師拿出衛生紙，包起這張紙鈔，叫前面一位同學拿去福利社買糖果，福利社賣的糖果一顆一塊錢，一百元可以買一百顆糖果。

那位同學回來了，捧著一百顆糖果，一顆也沒有少。

老師說：「我們都學到寶貴的一課，真正有價值的東西，哪怕它再髒、再破爛，它的價值依舊絲毫不損。」

朋友！外表的醜陋與卑賤終究無法掩蓋內涵的光華。真正具有內涵的人，即使一時遭外界誤會、譭謗，甚至吐口水，但最後，真實的內涵終將勝過一切。

俗話說：真金不怕火煉。真正的內涵，並不在乎外界一時的攻擊或試煉。反而經過淬煉的洗禮，更能顯出內涵的價值與珍貴。

聖經說，上帝看我們的內心，不是看我們的外貌。（撒母耳記上十六章七節）在上帝眼中，世俗的名利、地位、權勢並不重要，祂只在乎我們是否有一顆正直清潔的心。無論世人看我們如何卑微，上帝並不否定我們的價值。

醜陋的蚌殼被人棄置，但裡面耀眼燦爛的珍珠，卻毫不減損其光芒。

耶和華卻對撒母耳說：「你不要注意他的容貌和他高大的身材，我拒絕要他，因為耶和華的看法與人不同：人看外貌，耶和華卻看內心。」

撒母耳記上十六章七節

回音與反射

有一個小男孩跟他父親走在山中，不小心跌了一跤，他忍不住哇哇大叫起來。

令他吃驚的是，他聽到了一個聲音從山中某處傳出來，也哇哇大叫。

他很好奇地朝山谷大聲問：「你是誰？」

結果他得到的答案也是：「你是誰？」

小男孩很生氣，大聲吼著說：「你是膽小鬼！」

沒想到對方也罵他：「你是膽小鬼！」

他氣得跟父親抱怨，說：「豈有此理！有人罵我呢！」

父親笑著跟兒子說：「是你自己先罵人家啊！不信你自己聽聽！」

然後，父親也朝山谷裡大吼了一聲說：「你好棒喔！」

結果另一個聲音傳回來的也是：「你好棒喔！」

父親對兒子說：「瞧！兒子！你所說的每一句話都會回應到你身上。」

他繼續說：「記住！我們在這世上，做人處世就像這山谷的回音一樣，我們做的每件事、說的每句話，都會反射回我們的身上。」

「我們罵人，人家就罵我們。我們尊重人，人家就尊重我們。我們稱讚人，人家就稱讚我們。我們輕視人，人家就輕視我們。」

小男孩於是向山谷大叫：「喂！你是世界上最好的人！我愛你！」

果然，對方也回答說：「喂！你是世界上最好的人！我愛你！」小男孩聽了，喜孜孜的好開心。

父親對他說：「你喜歡別人稱讚你、愛你，對不對？那麼，從明天起，你就先稱讚別人、愛別人囉！」

朋友！人必自重而後人重之！你希望別人怎樣待你，就必先怎樣待人。生命，就像山谷中的回音，反射我們生活中的每一件事。

聖經教我們不要隨便論斷人。因為，我們怎樣論斷人，別人也會怎樣論斷我們。我們拿什麼量器量人，別人也用同樣的量器量我們。

我們老是抱怨別人，別人也會抱怨我們。我們體諒別人，別人也會體諒我們。我們寬恕別人，也必將被人寬恕。

每一個人的人生，都是自己行為的反射。回音，就決定了命運！

因為你們怎樣論斷人，也必怎樣被論斷；你們用什麼量器量給人，也必用什麼量器量給你們。

馬太福音七章二節

上帝改變了我的心意

有一天，外婆注意到她的小孫子很不對勁。

平常，小孫子都是心平氣和，很專心的；但這幾天，精神不集中，而且異常急躁。

外婆關切地問他：「親愛的！到底怎麼回事啊？」

小孫子煩躁地說：「我最喜歡的彈珠不見了，是貓眼的那個，我好不容易才得到它的，可是不見了！」

外婆幫著小孫子找呀找，還是找不到。

外婆也找累了，拉著小孫子的手說：「我們來禱告好嗎？」

「好，求求上帝幫我找回來！那可是我最心愛的彈珠呢！」小孫子說。

於是他們就跪在地板上一起禱告。

禱告之後，小孫子似乎平靜多了，很快地做完該做的功課，就去玩玩具模型了。

第二天，外婆想起那顆彈珠，她很不願意問小孫子，怕惹他傷心。可是看到小孫子又像往常一樣歡歡喜喜，於是問他：「親愛的，你找到你的寶貝彈珠了嗎？」

「喔！沒有！還是沒找到。」小孫子回答。

「哦！我看你開開心心的，還以爲你找到了呢！」外婆說。

「沒有！可是天父讓我不再想要找了！」小孫子心情愉快地說：「祂讓我去玩爸爸上次給我的模型啊！」

外婆看到小孫子玩得很開心，幾天之後，又送給他一盒玩具模型。

朋友！禱告不見得會讓我們得到所想要的東西，但是禱告會讓我們得到平安與喜樂！

聖經上承諾，只要我們禱告，就必有「出人意外的平安」臨到我們身上。就像小孫子禱告後一樣。

誠心的禱告必會得到上帝的回應。除了平安與喜樂之外，還會得到比原先想要的更好。

上帝藉著我們的禱告，改變我們的心意，讓「人算」變得與「天意」接近。

「天意」總是高過「人算」的，所以上帝給我們的，顯然比我們自己原先盤算的還更好。

應當一無掛慮，只要凡事藉著禱告、祈求，和感謝，將你們所要的告訴上帝。上帝所賜、出人意外的平安，必在基督耶穌裡保守你們的心懷意念。

腓立比書四章六至七節

快樂，自己決定

蘿絲老太太已經九十三歲了。她每天早上八點鐘就穿戴整齊，頭髮梳成最時髦的樣式，臉上化妝一點也不含糊。

她先生剛剛去世，而她幾乎看不見任何東西了，因此，她必須搬到養老院去住。

她在養老院的大廳裡等待分配房間。她一點也不急躁，只是安靜地等著，臉上帶著微笑。

房間準備好了，養老院的社工人員領著她進住。

在電梯裡，社工人員將房間內部的狀況與佈置描述給她聽。老太太驚嘆起來，就像八歲的孩子得到心愛的禮物一樣。

社工人員說：「老太太！慢點高興，你還沒看到你的房間呢！」

但是老太太說：「那沒關係！快樂是自己決定的心情。我喜歡這間房間並不是因爲它的佈置，而是我早就決定要喜歡它。每天早上我醒來，我都會決定要快樂一整天。」

「我可以躺在床上，想我自己有多悲哀，我身體大部分的器官都已經不能用了。但我也可以高高興興起床，爲剩下還能用的器官獻上感謝。」

「只要我張開眼睛，每天都是一件新的禮物。我決定要高高興興地過。我會搜尋過去一些美好的回憶，心裡充滿感謝。這些回憶與感謝，可以讓我一整天心情都很好。」

「老年就像是一個銀行帳戶，你可以隨時提取你所存進去的東西。」她下了個結論，「所以，年輕的時候要多存一點快樂的事到帳戶裡，那麼下次你提領的時候，又可以再快樂一次。」

朋友！快樂是自己可以決定的心情。

當碰到幸運的事，快樂出於自然。沒有碰到幸運的事，快樂出於自己的決心。

故事中的老太太，每天早晨醒來，都認真地做個決定：「我決定今天要快樂一整天。」那麼無論碰到什麼事，她都會用正面思考去讓自己有高興的情緒。

聖經把喜樂界定為上帝的命令。「要常常喜樂，不住的禱告，凡事謝恩。因為這是上帝在基督耶穌裡向你們所定的旨意。」（帖撒羅尼迦前書五章十六至十八節）

要常常喜樂，這是上帝對人的命令。

但是要如何辦得到呢？祕訣就在於：數算過去美好的回憶，並為之感恩！平時就將生活中快樂的事存進記憶的戶頭裡，一有需要就提出來數算，讓自己感恩。那麼，快樂就會像長了翅膀的精靈，從記憶裡飛過來。

感恩的心，是喜樂的泉源。

數算快樂，就被快樂充滿。

你們要靠主常常喜樂，我再說，你們要喜樂。

腓立比書四章四節

又眞又活

有一個年輕人跟他的女朋友參觀一家標本店，這家標本店的師傅把許多動物仿製成標本，栩栩如生，唯妙唯肖。

年輕人跟他女友走過一尊尊動物的標本，它們立在那裡，看起來就像活生生的一般。

當然他們知道這些都是假的，都是死的。

年輕人一邊看標本，一邊批評。一下說這隻熊的手掌做得不像，一下又說那隻狗的腿做得不好。

後來，他們站到一隻貓頭鷹前面，年輕人又開始大肆批評。說這隻貓頭鷹的翅膀根本就做錯了，應該如何如何。然後又說這貓頭鷹的腿也做得不對，應該如何如何。甚至說這隻貓頭鷹頭部的角度也不正確，要是他來做，肯定會比這家店的師傅手藝高明。

就在他口沫橫飛、大肆批評的時候，這隻貓頭鷹突然轉動了一下它的頭，眼睛也眨了一下。把兩個年輕人嚇了一跳。

他們以為這隻貓頭鷹跟其他動物一樣是假的、死的，沒想到這隻卻是眞的、活的。

年輕人的女朋友大笑起來，她笑年輕人說：「瞧你剛剛批評的，都錯啦！眞是蠢啊！」

年輕人想起他剛才的大言不慚及狂妄自大，眞的好丟臉！

朋友！世界上有許多事情是令人難以明白的。尤其是宇宙的奧秘。大肆批評你所不知道的奧秘，只是突然曝現自己的狂妄無知與可笑罷了！

管理學要求業務人員遵守的第一條守則就是千萬不要跟客人談論政治與宗教，這是把客人趕跑的最愚蠢方式之一。

政治與宗教，都是最易引起爭辯的話題。尤其宗教領域，充滿了未知與不可知的奧秘。

很多人都把聖經當成死的文學作品，把神當成人類製造的標本。認為聖經跟神都是假的、死的。他們像這位年輕人，在標本店裡從頭批評到尾。

然而世界上也有另一群人表示親自經歷過聖經與神的真實。他們的見證卻也是旁人無法否定的。

既無法否定，何必批評？若結果證明為真，原先的自以為聰明反成為愚拙。豈不正應驗了聖經的預言？

因為十字架的道理，在那滅亡的人為愚拙，在我們得救的人卻為上帝的大能。

哥林多前書一章十八節

木碗

有一個孱弱的老人跟兒子媳婦和四歲的小孫子住在一起。他的雙手發抖，眼睛昏花，步履蹣跚。

這家人總是一起坐在桌前吃飯，但老人抖動的手跟昏花的眼卻讓他進食困難。碗裡的東西老是掉到地毯上，喝牛奶的時候，也總是因握不穩杯子而把牛奶濺得到處都是。一頓飯下來，可以把餐廳餐桌搞得亂七八糟，讓兒子媳婦要收拾老半天，他們漸漸不耐煩起來。

於是兒子跟媳婦在餐廳的角落準備了一個位子，讓老人單獨自己用餐，不再跟大家一起坐在餐桌上。

爲避免老人再打破碟子，他們準備了一個木碗給他用。

於是老人每天含著眼淚自己進食。當他掉出東西、又灑出牛奶時，兒子媳婦總是不耐煩地不停抱怨。

四歲的小孫子在一旁看到這一切。

有一天晚飯前，爸爸看到四歲的小男孩在地板上玩著一塊木塊，爸爸好奇地問：「寶貝，你在玩什麼呀？」

孩子天眞無邪地回答說：「我在替你跟媽媽做一個木碗呢！將來我長大了好讓你們用啊！」說完，又很起勁地繼續玩他的木碗。

這對年輕的父母聽了孩子的話，一下愣住了，兩人對看一眼，無言以對，忍不住掉下了懊悔的眼淚。

當天傍晚，這個父親就把爺爺攙扶回他們的餐桌，母親和顏悅色地招呼爺爺替他準備食物。

老人在世的最後那段日子，雖然他仍然吃得亂七八糟，但再也沒有聽到兒子媳婦的埋怨聲了。

朋友！輕慢父母的，將來也必受孩子的輕慢。

孩子的觀察力不可小覷，有樣學樣。看到父母如何對待長輩，將來長大，就用同樣的態度對待父母。

言教不如身教。用自己的好行為給孩子樹立榜樣，勝過言語千萬。

聖經教導人要孝敬父母，視為誡命。輕慢父母的，必受咒詛。

輕慢父母的，必受咒詛。

申命記廿七章十六節

恩賜與專一

有一隻兔子，身材很修長，天生就很會「跳躍」。所以他一直以「跳最遠的兔子」著稱，他感到很自豪、也很光榮。

有一天，森林的國王宣布要舉辦運動大會，提倡全民運動。兔子參加了「跳遠」項目，果然又擊敗了其他人，得到「跳遠金牌」。

後來，有一隻做體育教練的老狗告訴兔子：「兔子啊！其實你的資質很好，體力也很棒，只有得到跳遠金牌，實在很可惜。我覺得只要你好好努力，應該還可以得到更多的金牌。」

「眞的嗎？你覺得我可以嗎？」兔子躍躍欲試。

「沒錯啊，只要你好好學，我可以教你跑游泳、舉重、百米、跳高、撐竿跳、推鉛球、馬拉松……你一定沒問題啦！」老狗在一旁慫恿說。

於是兔子眞的開始每天練習其他項目。

跑完百米，又跳下水練游泳。游累了，又上來開始練舉重。並騰出時間來練跳高、鉛球，甚至撐著竿子不斷往前衝，也想在撐竿跳項目奪魁。接著，又跑馬拉松……。

第二屆運動大會又到了，兔子報名了很多項目，可是他跑百米、游泳、舉重、跳高、推鉛球、馬拉松……沒有一項入圍，連以前最拿手的「跳遠」，也因爲疏於練習，成績退步了很多，在初賽時就被淘汰了。

朋友！上天賦予每個人的才能各有不同。但沒有一個人能精通所有。學貴專精，不在貪心。想樣樣精通，很可能樣樣稀鬆。

聖經強調「專一」，勸勉信徒在個人不同的恩賜上專心一致。因為專一才能心無旁騖，容易達致「精通」的境界。

了解自己具有的天賦為何，以上帝給的恩賜做基礎，加上「專一」努力，必能有所成就。

天賦加上努力，是事半功倍的完美組合。

按我們所得的恩賜，各有不同。或說預言，就當照著信心的程度說預言。
或服務人，就當全心服務。或作教導的，就當專一教導。或作勸化的，就當專一勸化。
施捨的，就當慷慨。治理的，就當殷勤。行慈善的，就當滿心喜悅。

羅馬書十二章六至八節

急功好利

有一個年輕人，去向師父學武功。他打算練成之後，就要去找殺父的仇人報仇。

年輕人告訴師父他的計畫和願望。然後問師父：「請問師父，我要練多久，才能出道呢？」

「大概五年吧！」師父說。

「啊，這麼久啊！」

年輕人急切地又問：「那如果我比其他弟子更加倍努力，是不是可以提早學成呢？」

師父沉吟了一下說：「這樣子的話啊，你大概需要十年。」

「什麼？十年？那如果我再加倍、加倍地努力練習呢？」

「二十年吧！」師父淡淡地回答。

年輕人屈指一算，二十年，他叫出來：「不行不行！二十年！我的殺父仇人都不曉得跑到哪去了！」

「咦！師父，」他發現有點不對勁，再問道：「師父啊！您把我弄糊塗了，怎麼我愈加倍練習，學成的時間反而更長呢？」

師父緩緩地回答：「因爲，當你的一隻眼睛盯看著結果的時候，你只剩下另一隻眼睛可以專心練習，這樣怎麼能夠學得好呢？」

朋友！我們是否也常這樣急功好利，追求速效呢？

往往卻是「欲速則不達」！

學習，重在「過程」，而非「結果」。忽略了「過程」，很可能達不到「結果」。

例如學游泳，經過練習，可以增進體能及技術。能在比賽中奪標固然很好；若不能奪標，也沒有失去學習的意義。

奪標，並不是學習唯一或最重要的目的。

但如果只意在奪標，忽略學習的過程及意義，那麼很可能根本學不成。

更有甚者，如果意在復仇，連目的都歪了，更學不好了。

聖經上說：「腳步急快的，難免犯罪。」（箴言十九章二節）

又說：「殷勤籌劃的，足致豐裕。行事急躁的，都必缺乏。」（箴言廿一章五節）

學習，只有腳踏實地，沒有一蹴可及。

> 腳步急快的，難免犯罪。
>
> 箴言十九章二節

疑難樹

有一個木匠，在幫一個農場的主人修他的一間房子。

這個木匠剛開始做的時候還算順利，可是在快結束時，他發現他車子的輪胎爆掉，電鋸子也突然停止不動。而且，他那部老舊的起重機也突然發不動了。

於是他央求農場的主人載他一程回家。一路上，他沉默地坐著，不發一語。看得出相當沮喪，心情沉重。

到家的時候，他請農場的主人進去坐坐，跟他家人見見面。

在他家進門口的地方，有一顆小樹。這個木匠在這棵小樹前面停了一會兒，用兩手摸摸小樹的樹枝。隨後，就掏出鑰匙準備去開他家的大門。

當他開門進屋子，並請農場的主人也進去，令人吃驚的是，他完全換了一副面孔。他臉上堆滿笑容，抱了抱兩個小孩，親了親他的太太，請農場的主人喝杯茶，看起來心情愉快極了。

之後，他送農場的主人上車離開。他們經過那棵小樹。農場的主人再也忍不住好奇，問他說：「到底這棵樹有什麼祕密？爲什麼能讓你有這麼大的轉變？」

木匠說：「這是我的疑難樹。我知道我工作上是不可能沒有問題的，但是那些問題跟我太太、孩子一點關係也沒有。所以，每天我放工回家，就把面臨的所有困難及問題都掛在這棵樹上。隔天早上我要上工的時候，再去那裡把這些問題帶著走。」

「可是奇妙的是，每天早上，我都可以發現樹上掛著的疑難雜症，比我昨天掛上去的要少多了。也容易多了。」木匠說。

朋友！遇到困難時，千萬不要急著硬闖，一定要給自己一點緩衝的時間！學學這位木匠，把每天所有的疑難雜症都掛在疑難樹上，換個心情回家！聖經要求人們不可憂慮。「你們要將一切的憂慮卸給上帝。」（彼得前書五章七節）

很多事情靠人無法解決，只能依憑天意。而事實上，天無絕人之路。

當我們願意把所有的困難與憂愁都交給上帝的時候，上帝自然會幫我們扛。

所以樂天安命的人總是說：「天塌下來有高個子頂。」

所謂「船到橋頭自然直」，「山不轉路轉」。當把事情暫時擱下，過一會兒再回來，肯定比原來容易解決。

事緩則圓。停一下，放慢腳步一會兒，困難總會迎刃而解。

> 所以不要為明天憂慮，因為明天自有明天的憂慮。一天的難處一天當就夠了。
>
> 馬太福音六章卅四節

Part 4

墊腳石還是絆腳石？

盼望，能夠減輕痛苦的重量。

驢子與枯井

農夫正在將屋旁一口枯井填平。

他的一頭驢子不小心摔進正在填平的枯井裡。

農夫絞盡腦汁想辦法救驢子出來，但幾個小時過去，驢子還在井裡痛苦地哀號，無法脫困。

最後，這位農夫決定放棄了。他想這頭驢子年紀大了，不值得大費周章去把牠救出來。不過無論如何，這口井還是得填起來。

於是農夫便請來左鄰右舍，準備快快將枯井填平，同時將井中的驢子埋了，省得牠痛苦。

農夫的鄰居們人手一把鏟子，開始將泥土剷進枯井中。

當這頭驢子瞭解到自己即將被活埋的命運時，牠很淒厲地哭起來。

哀哭了好一陣子，這頭驢子突然安靜下來。

農夫跟鄰居們繼續鏟土填井，驢子的安靜等死讓農夫也好生難過。

隔了一會兒，驢子還是沒有再出聲，農夫好奇地探頭往井底一看，這下卻大吃一驚。

原來，驢子正專心應付那些剷進井裡的泥土。當泥土落在牠背上時，牠用力將身子扭閃，將泥土抖落，讓泥土掉在地上，牠就站到泥土堆上去。

沒多久，驢子將大家剷倒在牠身上的泥土全部抖落在井底，牠站在上面，隨著枯井越填越高，牠一下子就上升到井口了，在眾人驚訝的目光下，這頭驢子快步地跑開了！

朋友！在人生的旅程中，難免有時陷入枯井，甚至遭到別人落井下石。像掉在井中的驢子，被各式各樣的泥沙傾倒，甚至要被活埋。

但是，危機就是轉機！端看你能不能化解危機，讓它變為轉機。

其中的秘訣就在於：閃掉那些打擊你的泥沙，然後站到上面去！

我們在生命中遭遇的打擊，正如這些泥沙；但換個角度，它們也可以變成有用的墊腳石。缺少這些墊腳石，我們不會成功。

躲閃掉打擊，讓你脫困；墊之而上，讓你成功。

助力往往就潛藏在阻力中。只要我們鍥而不捨地將阻力抖落，然後順勢操作，就能讓阻力變成上升的助力。

改變命運的關鍵，就在於化危機為轉機，變阻力為助力。

> 你們所遇見的試探，無非是人所能受的，上帝是信實的，必不叫你們受試探過於所能受的。在受試探的時候，總要給你們開一條出路，叫你們能忍受得住。
>
> 哥林多前書十章十三節

誰拉的辮子

有個小女孩留著兩條長長的小辮子，任誰看了都想去拉一下。

放學了，她坐在校門口的椅子上，等爸爸來接她。

同學們紛紛從她身邊走過，頑皮的小男孩總要趁機拉拉她的辮子。

她瞥見那個叫山姆的頑皮小男孩從她後面走過。

有人拉了一下她的辮子。

小女孩甩甩頭，心想：「一定是那個討厭的山姆，不理他！」

不久，辮子又被拉了一下，小女孩發火了：「別惹我！山姆！否則我明天跟老師講！」

果然是山姆，山姆朝她扮個鬼臉，跑開了。

沒多久，又有人拉小女孩的辮子。

小女孩破口大罵：「山姆，你給我記住！你再拉，我打你喔！我明天一定告訴老師！」

她邊罵邊站起身來要打山姆。一看，這次站在她後面的不是山姆，竟是來接她放學的老爸。

小女孩放下怒容，堆起滿臉笑容，說：「爹地！是你！」

她拿起書包，挽著老爸的手臂，說：「走吧！」

老爸邊走邊說：「你剛剛好兇喔！」

小女孩不好意思地笑笑：「人家以爲是山姆嘛！」

朋友！都是拉辮子，但小女孩前後的態度卻大不相同。因為背後拉的人不同。

當我們遇到苦難，先確定一下，背後拉的是誰？是魔鬼？還是上帝？

如果苦難來自魔鬼，很容易激起人的憤怒、抱怨、挫折、沮喪、懷恨、報復的情緒，很快就把一個人打倒。

如果苦難來自上帝，人們會認知到艱辛和困苦不過是上帝鍛鍊一個人的工具，等經過了試煉，上帝的賞賜就在前面。於是忍耐、等待、盼望，會支撐一個人堅強地面對一切。

從魔鬼來的苦難是毀滅，從上帝來的苦難是化裝的祝福。不一樣就是不一樣！

聖經中記載約瑟的故事。約瑟被哥哥們賣到異國的埃及為奴，受了許多苦。但他選擇與上帝同在，不但減輕了痛苦的感覺，還在困苦中力爭上游，終於當上埃及宰相，救了全家人的性命。他說：「從前你們的意思是要害我，但神的意思原是好的，要保全許多人的性命。」（創世記五十章二十節）

選擇讓上帝站在你背後，所有事情都會不一樣！

這也不足為怪，因為連撒但也裝作光明的天使。

哥林多後書十一章十四節

蛇和試探

有一個年輕人，想要鍛鍊自己的體魄。

他來到一座高山面前，山頂正覆蓋著初冬的白雪。他對自己說：「這是我鍛鍊體魄的好地方，我要爬到山頂，征服這座山。」

於是他開始攀爬，朝著雪頂前進。

攀爬的過程既艱辛又漫長，但年輕人終於完成了。他爬到了山頂。

當他在山頂休息的時候，突然聽到一個很微小的聲音：「救救我……救救我……」

年輕人順著聲音望去，原來是一條響尾蛇困在雪地裡快凍死了。響尾蛇求年輕人救它趕快脫離雪地。

年輕人搖搖頭，說：「不行！如果我帶你下山，你一定會咬我，那時，死的就是我了。」

響尾蛇連忙說：「不！不！我怎麼會傷害救我的人呢？我還要報答你救命之恩呢！我發誓，如果我忘恩負義，我就被凍死。」

年輕人想了一下，答應了蛇的要求。他把蛇放在衣服裡面保暖，然後開始他漫長的下山回程。

當他到達山谷的時候，把蛇從衣服裡拿出來，輕輕地放在地上。沒想到那蛇卻毫不留情地回頭攻擊他，咬他。

「你爲什麼要咬我？你說過不會咬我的呀！」年輕人快死了，向蛇抗議道。

那條響尾蛇只淡淡地看著這個快死的年輕人，冷酷地回答說：「你在帶我下來的時候，不是早就已經知道我是什麼樣子的嗎？」

朋友！你早就知道「與罪同行」走的後果，但你是否還是帶著它，不肯拒絕呢？

很多事，你明知不該做，卻仍任性而為，等到後悔，已經來不及了。

很多人，你明知他說話不算話，卻仍然相信他，等到被騙，傷害已經造成。

罪的後果，人人都知道；但抵擋罪的試探，卻並不容易。這就是人性，人總是輕易地與罪妥協。

亞當和夏娃，明知樹上的果子不能吃，卻仍然被私慾誘惑，等到犯了罪，只好被逐出伊甸園。

擋不住試探，與罪妥協，就註定了被罪吞噬。

但各人被試探，乃是被自己的私慾牽引誘惑的。私慾既懷了胎，就生出罪來，罪既長成，就生出死來。

雅各書一章十三、十四節

珍珠

寧靜的海灘上，兩隻牡蠣不期巧遇，互相問安。

大牡蠣抱怨說：「前幾天一不小心，讓一顆沙礫跑進我的身體裡，粗糙的沙礫一直磨著我的身體，唉！眞痛苦！」

小牡蠣說：「你也太不小心了！我可是十分謹愼，絕對不讓任何異物進入我的殼裡面。我們的身體這麼柔軟，砂礫這麼粗糙，一定很痛的！」

正當牡蠣們聊天的時候，一隻年老而經驗豐富的螃蟹經過，聽到牠們的對話，加入了牠們聊天的行列。老螃蟹說：

「你們知道大牡蠣身體裡跑進去的沙礫，會造成什麼結果嗎？」

大小牡蠣一起搖搖頭說不知道。

老螃蟹告訴他們：「大牡蠣此刻雖然爲沙礫所苦，但牠的身體裡會自動分泌所謂的『珠母質』，一層一層將粗糙的沙礫包裹起來，最後會形成大海中最動人、最浪漫的美麗珍珠呢！」

大牡蠣驚呼起來：「原來珍珠是這樣形成的啊！爲了要結出美麗的珍珠，那受點苦也值得啊！」

「但是能不能不要受苦也結出珍珠來呢？」小牡蠣還是怕痛。

老螃蟹說：「傻孩子！沒有沙來磨，怎麼能刺激珠母質分泌呢？沙礫磨得越痛，珠母質分泌得越有光澤越亮麗，那樣珍珠的成色也越璀璨動人啊！」

朋友！大自然的奧秘，正處處啓示我們：唯有經歷上天給我們的試煉，才能結出燦爛的成果。

不經一番寒澈骨，哪聞梅花撲鼻香？牡蠣若無沙礫來磨，如何能形成璀燦美麗的珍珠？

人生道路上也有許多砂礫，常使我們的旅途顯得崎嶇坎坷，痛苦難耐。

但是請記住，只要度過這些粗糙的磨練，就能成就豐碩動人的果實。因為任何美麗的珍珠都必須經過陣陣的磨難，才能慢慢孕育而成。

磨難中的人或許埋怨痛苦難忍，但當看到燦爛的成果，一切辛苦就有了代價。

只要專心盼望那即將結出的美麗珍珠，忍耐、等候就都不再覺得沉重。盼望，能夠減輕痛苦的重量。

然而祂知道我所行的路、祂試煉我之後、我必如精金。

約伯記廿三章十節

耳聾的青蛙

有一群青蛙在樹叢裡走著，其中有兩隻不小心掉到坑洞裡去了。

其他所有的青蛙於是都圍在這個坑洞外面，七嘴八舌地討論著這個突發的狀況。

大家衡量一下這個洞的深度，做了個結論：這兩隻青蛙死定了，要跳得出這個深坑是不可能的。

但這兩隻青蛙並不死心，繼續跳著跳著，想要跳出這個深深的坑洞。

坑洞外的青蛙看著他們掙扎，好意地告訴他們說：「別浪費力氣了，你們跳不出來的！你們最好還是自殺死吧。」

不多久，其中一隻青蛙果然依大家的建議，放棄不跳了，自殺死了。

剩下那隻青蛙則繼續拼命跳，越跳越用力。

圍觀的青蛙們也不斷地向他叫著說：「別浪費力氣了，你跳不出來的！你最好還是像前面那隻青蛙一樣自殺死吧。」

但是這隻青蛙還是拼命地跳，並不理會他們。

他一次比一次用力，一次比一次跳得高。最後，居然給他成功地跳出洞外。

他跳出來以後，其他的青蛙在詫異中好奇地問他：「我們叫你別跳了，爲什麼你總不理會，還能一直跳呢？」

這隻青蛙一下愣住了，他說，「我是個聾子啊！我以爲你們一直在鼓勵我跳高一點，跳高一點呢！我以爲你們一直喊叫，是在幫我加油啊！」

朋友！當你向著標竿前進，卻被周圍的人七嘴八舌一直潑冷水，你會像第一隻青蛙隨俗呢？還是像第二隻青蛙仍舊勇往直前？

孟子有云：「自反而縮，雖千萬人，吾往矣！」當目標設定正確，那麼即使千萬人反對，也應當剛強壯膽地前行。

然而，世俗的雜音常常會分散我們的注意力，動搖我們的意志，阻礙我們的決心，讓我們無法集中火力朝目標前進。

太在意別人的想法，只會讓自己三心二意，亂了方寸。不但達不到目標，連自己也會被口水淹沒。

唯有摒除外界不相干的雜音，才能使我們專心一意，勇往直前。

如果不能阻絕外界的干擾，那麼，試著把自己當成「聾子」，演一場默劇，把外界的噓聲當成鼓勵的加油聲，自己給自己打氣，壯聲勢。

能夠阻絕世俗的雜音，耳聾是幸福；

能夠把噓聲當成加油，耳聾是恩典。

但要遠避世俗的虛談，因為這等人必進到更不敬虔的地步。

提摩太後書二章十六節

著火的茅屋

有一個人，在一次船難中，所有的人都遇難了，只有他被海水沖到一個無人的孤島。他熱切地祈求上帝，希望能夠獲救。

他每天都在破船板上綁了一面旗子，希望有別的船經過看見，可以救他回去。可是日復一日，都沒有看到船隻經過。

他仍然不停地祈禱，注意海上任何的動靜，不放過任何的希望。

爲了避風避雨，他用破船的船板跟稻草蓋了一間小茅屋，以便居住。他把所有僅剩的物質都放在茅屋裡面。白天，他到島上摘一些果子來充飢，偶而也捕到一些小魚來果腹。就這樣子，他活了下來。

有一天，他外出回來，發現他的茅屋著火了，濃煙直衝到天空。他精疲力盡，沮喪萬分，所有的希望似乎都化爲灰燼了。

他跟上帝哭訴：「神哪！怎麼會這樣？這不是讓我沒路可走了嗎？我所有的

一切都燒掉了，連要再重蓋一間茅屋的工具都燒掉了啊！」

帶著眼淚，他疲倦地沉沉睡去。

睡夢中，他仍然靜靜地祈禱等候，盼望上帝來救他。

第二天一早，他被一艘船的汽笛聲吵醒，有人來救他了！

他興奮地跳起來，奔過去，手舞足蹈。

「你們怎麼知道我在這裡？」他又驚喜，又好奇地問。

「你這小島本不在我們船行的路線範圍，所以我們雖然每天經過，卻都不知道你在這裡。直到昨天看到一股濃煙從這裡衝到天空，我們的船雖然已經駛過去了，但一想不對，就又折了回來，這才發現了你。」

朋友！在困難的時候，我們常會因沮喪而失去盼望。

但請記住！天無絕人之路。即使是再痛苦的情境，也請不要絕望！

絕望會讓我們視線模糊，看不到任何可能的機會。

常常，令人致命的不是周遭的環境，而是絕望的心境。

只要我們心存盼望，上帝就會與我們同在。上帝就是天意。

急難中，單純地倚靠上帝，會讓我們鎮靜而穩定，不致漏接任何求生的訊息。

當危機出現轉機時，貴在能迅速抓住機會。看起來似乎走到盡頭的路，只要峰迴路轉，就是柳暗花明又一村。

持守永遠的盼望，必有喜樂相隨。

義人的盼望，必得喜樂。

箴言十章廿八節

挑水伕與破水桶

有一個挑水伕每天從小溪挑水到主人的屋裡。他是用扁擔跟水桶來挑水的。扁擔的兩端，一邊有一個水桶。只是其中一個水桶破了一道裂縫，總是會漏水，每次當挑水伕挑水到主人家，破水桶沿路漏水，到家時桶內的水只剩下一半。破水桶因此相當自責。

有一天在溪水旁，破水桶跟挑水伕道歉，說：「我眞是慚愧，這兩年來我總是沒辦法完成我的任務，每次只能替你保留半桶水到主人家。因爲我的缺陷，害你工作的成績打折扣。眞抱歉啊！」

挑水伕聽了，哈哈笑了起來，溫柔地對破水桶說：「等下我們回主人家的時候，我要你注意看路旁的花朵，好嗎？」

回家的途中，破水桶遵照挑水伕的指示，注意看著路旁的花朵。

他發現，從溪邊到主人家的沿途，栽種著許多美麗的野花，她們正在太陽底下散發著繽紛的色彩。看到這些美麗的花兒，破水桶心情爲之愉快了不少。

不久回到了主人家，他發現自己的桶裡又只剩下半桶水了，他忍不住自責地哭了起來。

挑水伕盛好水之後，坐下來拍拍他說：「你剛才看到路邊的花兒很美麗，不是嗎？你以爲他們爲什麼會長得那麼好呢？我告訴你吧！那可都是你的功勞呢！」

破水桶忍住了眼淚，不敢相信地問挑水夫說：「這怎麼可能呢？」

挑水夫說：「我老早就注意到你身上有裂縫，因此每次挑水回主人家的時候，我就利用你裂縫漏出來的水去澆灌路旁的花朵。你瞧，如果不是這樣灌溉，她們怎麼會長得這麼漂亮呢？」

「你看，我常把花兒摘回主人家插花，又美麗又芬芳，主人很誇我呢！」

破水桶終於破涕爲笑。

朋友！挑水伕是個精心的設計師，他把破水桶的缺陷轉變為優勢，把看起來無用的漏水變成有用的灌溉水源。

每個人都有缺點，但只要用心，缺點也能轉化成優點，作出美麗的貢獻。

當人生遭逢不如意，命運在我們身上刻下缺憾的時候，要記得學習挑水伕，精心設計一下我們的未來。把負數變成加分，使缺憾化為優勢，將一時的汙點改變成美麗的蝴蝶，再創生命下一階段的彩虹。

巧妙的設計師，不是去彌補牆上的破洞，而是將破洞加以彩繪，裝飾成漂亮的壁畫。

人若自潔、脫離卑賤的事、就必作貴重的器皿、成為聖潔、合乎主用、豫備行各樣的善事。

提摩太後書二章廿一節

閃在空中的鑽石

有一個義大利人，年輕的時候就到美國去學雜耍技藝，後來成爲一個很有名的雜耍技藝家，名聞全世界。

到了退休年紀，他決定回家鄉定居。他買了一張回義大利的船票，剩下的家產就買了一顆大鑽石，便於攜帶。

上船後，他跟同船的一個孩子玩，他表演丟蘋果的技術給那孩子看，把一堆蘋果往空中丟，沒有一個會掉落地上。他的技術引來一群觀眾圍看，認出他就是著名的雜耍技藝家。他覺得很自豪，於是拿出那顆鑽石，丟擲起來。他跟圍觀的人群說，他要退休了，這顆鑽石是他所有的積蓄。

有一次他把鑽石丟得很高，觀眾們緊張的摒住氣息觀看。因爲了解這顆鑽石的意義，觀眾們就央求他不要再丟了，一不小心出了差錯怎麼辦？

可是觀眾越這樣說，他卻越興奮，丟得越高，每次都讓觀眾們緊張得要命，直到鑽石掉下來他接住了，大家才大鬆一口氣。

他對自己的技術有十足的信心與把握，因爲這是他積了數十年的經驗。他告訴觀眾們，他可以丟得更高，高到看不見，然後掉下來時還能接住。果然，鑽石往上丟得很高，高到看不見了，一會兒之後才又掉下來，伴隨著大家的驚嘆聲。當然大家又勸他別再冒險了。

他笑笑，心想我的技術豈容懷疑？焉可對我如此沒信心？於是再丟高一點。當鑽石在空中消失的時候，觀眾們緊張得快不能呼吸，一會兒鑽石又出現了，正往下掉，它在陽光下閃爍著耀眼的光芒，帶來觀眾一陣鼓掌。

眼看這顆鑽石又要回到他的手裡了，不料這時，船隻突然傾斜了一下，鑽石掉到海裡，永遠找不回來了。

朋友！我們是否也常自恃技能優異而目空一切呢？

我們是否總喜歡倚靠自己的聰明，以為一切都在掌控之中呢？

其實，過度的自信是一種驕傲；絕對的把握是一種狂妄與自大。

天有不測風雲，人有旦夕禍福。宇宙天地間的物換星移，實非我們所能測度。

驕傲狂妄的人以為控制得了一切，斗膽一次又一次地冒險，以所有的財富做賭注，甚至拿生命做賭注。

卻不曉得上天懲罰驕傲自大的人，會任他百密一疏，然後兵敗如山倒，終致敗壞傾頹。賠上鑽石，甚至輸掉靈魂。

起初的成功往往使人目空一切。有反省能力的人懂得見好就收；不知反省的人，則奔向滅亡的里程。

「見好就收」的道理有誰不知？但能克服人類貪婪本性的人卻不多矣。

驕傲在敗壞以先，狂心在跌倒之前。

箴言十六章十八節

銀匠

有一群婦女定期聚會讀聖經，並且聊天分享。

她們讀到瑪拉基書三章三節「祂必坐下如煉銀的」，給大家很深刻的印象。

有一位婦女認爲，這個景象正是在描述基督鍛鍊我們的過程。

她打算去拜訪一位銀匠，實地了解銀匠的心聲。

她沒有告訴這位銀匠到訪的目的，只是要求銀匠讓她了解煉銀子的過程。

這位銀匠仔仔細細將煉銀的過程說明給她聽。

她問：「先生，當你煉銀子的時候，你會坐在爐子旁邊嗎？」

「當然啊！」銀匠回答。

「我必須坐在旁邊用眼睛一直盯著爐子看啊！否則只要時間超過一點點，銀子就會受到傷害呢！」

這名婦女頓時明白了「祂必坐下如煉銀的」這句話的涵義。

因爲基督認爲，當祂把祂的兒女放進爐裡試煉的時候，整個過程都必須仔細盯著看，這是很必要的。

所以可證，這些加諸於祂兒女身上的試煉，絕都不是偶然的。那是基督刻意要給祂兒女的鍛鍊。

煉銀的人仔細盯著爐裡的銀，就像馬太福音十章三十節描述的那樣：「你們的頭髮也都被數過。」

最後，銀匠又告訴這名婦女：「還有一件奇妙的事，當銀子煉好的時候，從銀子光亮的身上，常常可以反射出銀匠的形象呢！」

朋友！當你遇到試煉的時候，你相信是出自上帝刻意的安排嗎？

試煉是為要造就你，讓你更上層樓，更具有完美的形象。

上帝總是利用人們遇到的一些苦難，作為熬煉的機會。

聖經上說，上帝熬煉我們，就像銀匠熬煉銀子一般。當我們接受熬煉的時候，祂就像銀匠一樣，在一旁看守著，小心呵護，謹慎琢磨。

等我們煉淨了、光亮了，就可以映照出祂完美的形象！

孟子說：「天將降大任於斯人也，必先苦其心志，勞其筋骨，餓其體膚，空乏其身。行拂亂其所為，所以動心忍性，增益其所不能。」

做大事，必先接受熬煉。接受熬煉，才能日臻完美。

上帝啊！你曾試驗我們、熬煉我們，如熬煉銀子一樣。

詩篇六十六篇十節

小男孩與石頭

小男孩在沙坑裡玩沙。

沙坑裡有好多東西，有他最喜愛的玩具小汽車，卡車，還有挖沙用的整套配備：塑膠桶、漏斗及一把可愛的塑膠鏟子。

他在沙堆裡建造了長長的馬路，還蓋了好幾座隧道。然後他突然發現，有一塊石頭擋在他的沙坑中間。

小男孩把石頭旁邊的沙都挖掉，打算移開石頭。他推了又推，挖了又挖，慢慢地把石頭用滾的滾到了沙坑的邊邊。

他繼續努力，想把石頭推到沙坑外面去，但是，他發現，石頭怎麼樣都滾不出沙坑邊緣的那座小牆。他下決心用鏟的，用推的，可是每當他覺得有點進展的時候，石頭又從牆上跌回沙坑裡，還壓到他小小的手指頭。

他終於放聲大哭起來，受挫折的眼淚委屈地流滿他的小臉。

小男孩的爸爸一直待在屋裡，從窗子裡看他玩沙，他看到了這一幕，看到了孩子的眼淚。他走過來，高大的影子投射在地上。

爸爸柔聲地問：「兒子，你怎麼沒有盡力呢？」

小男孩抽搭地說「我有啊，我已經用光了我所有的力氣了啊！」

「不！」爸爸慈愛地糾正他：「你沒有啊！你並沒有善盡你所有的。瞧！你就沒叫我來幫你啊！」

爸爸彎下腰，撿起那塊石頭，輕輕鬆鬆地把它丟到沙坑外面去了。

朋友！在人生道路上，你是否也常遇到障礙，像小男孩一樣沒有辦法把石頭挪開呢？

你在碰到困難的時候，是否也像小男孩一樣，凡事靠自己的力氣，卻始終忙得徒勞無功，累得疲倦流淚呢？

天父其實就在那裡看著我們，等著我們開口祈求他的幫助。

藉著禱告、念力，我們若能操練與天父溝通，熟習「天道」，朝著「天人合一」

的境界努力，我們自然可以感受到來自上天一股無形的神秘力量。這股天道的力量，無堅不摧，無敵不克。

人辦不到的事，上帝辦得到！

「天怎樣高過地，照樣我的道路、高過你們的道路；我的意念、高過你們的意念。」

以賽亞書五十五章九節

扛重擔的方法

有一個國王，有兩個雙胞胎兒子，但他實在搞不清楚是誰先出世的。

當他們長大以後，國王必須任命其中一個兒子繼承王位，這讓他大爲傷腦筋。

在外人看起來，這兩個兒子一樣聰明，一樣機智，一樣有魅力，甚至體格都一樣健壯，簡直難分軒輊。

國王左思右想，非找出兩個人不一樣的地方不可。

有一天，國王把兩個兒子叫到跟前說：「兒子啊，你們其中一個必須繼任我的王位，而王位這個重擔是非常重的，我必須挑一個能扛得了重擔的人來繼承王位。」

「這樣吧，你們兩個一起到遠方去，我的顧問會在你們的肩膀上放相同重量的擔子，看誰能先背回來，就表示他有能力負責國家的重擔，就由他繼任王位。」

兩個兄弟一起出門，開始君子之爭。

路上，他們看到有一個老婆婆正很吃力地背著一個很重的行囊。

其中一個建議說：「我們停下來幫她一下吧！」

但另一個卻說：「我們要背的東西已經夠重了，自顧都不暇了，還是節省一點力氣吧！」說完就繼續往前走了。

那個留下來幫忙老婆婆的兒子沿途又幫了好些人的忙。他背一個瞎子走了好幾里路才折回原路，又背一個瘸子走了一大段路。

終於，他到了父親的顧問那裡，扛起了他的重擔，開始走回去。一路順利地走回家。

就在進家門的時候，他的兄弟跑出來迎接他，說：「那個擔子重死了，我根本扛不動。你到底是怎麼辦到的？」

這個準國王說：「我也不曉得，就是這樣扛回來的呀！」

但他想了一想，若有所思地補充說：「喔！我明白了！一定是在我幫助別人的時候，逐漸摸索到扛重擔的方法，所以到要扛我自己的重擔那時候，自然就知道該怎麼使力了！」

朋友！樂於助人，必得上天的喜悅，獲致加倍的恩典與賜福。

幫助別人，不但可享「助人為快樂之本」的喜樂，也可以從其中體悟出更多做事的方法，提升自己的技術能力。

對需要幫助的人，不要視而不見。否則當厄運反噬，必然後悔莫及。聖經上說：「塞耳不聽窮人哀求的，他將來呼籲也不蒙應允。」（箴言廿一章十三節）

悲憫的胸懷，助人的熱忱，正是一個領導人物不可缺少的特質。

看哪，我必快來。賞罰在我，要照各人所行的報應他。

啟示錄廿二章十二節

我愛的是妳

有一天早上，一位男士開著車正要去上班，突然，有輛車從後面撞上他。他停下來，撞他的車子也停下來。他看到一位太太從那輛車子出來，走過來檢查撞擊的痕跡。

這位太太顯得相當害怕又慌亂，她承認說是她的錯。她說這輛車是部新車，買來還不到兩天，是她先生買給她的生日禮物。

出了這樣的車禍，這名太太眞是很懊惱，而且臉上堆滿了害怕驚嚇的表情，甚至有點語無倫次起來。

這名男士雖然覺得很同情她，但仍然必須跟她索取車子的資料，好處理善後整修、保險及賠償事宜。

那位太太一聽說他要車子的資料，便很合作地回去車上拿來一疊文件，交給這名男士。她請求這名男士自己找需要的資料，因爲她還在驚魂未定。

這名男士接過車子的資料，翻開資料夾，第一張映入眼簾的是一張白紙，寫著幾個大字，顯然是這位太太的先生寫的：「親愛的，如果出車禍，請妳記住一件重要的事：我愛的是妳，不是這輛車子！」

這名男士看了不覺莞爾，遞過去給那位太太，說：「瞧！這才是最重要的呀！」。

朋友！我們經常迷失在世俗的價值中，忘卻了人生最重要的事：愛。我們追逐世界的榮華富貴，卻把上帝與愛擺在後面。我們常常忘記上帝，但是上帝卻從不忘記我們。上帝愛世人，並不因時空環境而有所不同。從有人類之初，上帝就愛我們。

聖經上說：「我們愛，因為神先愛我們。」（約翰一書四章十九節）「神就是愛；住在愛裡面的，就是住在神裡面，神也住在他裡面。」

在你失意灰心或痛苦喪志的時候，請記住這故事裡面的那張紙條，上帝正在提醒我們說：「親愛的！我愛的是你，不是這個世界！」

神是愛。天道有愛。這是最重要的事！

誰能使我們與基督的愛隔絕呢？難道是患難麼？困苦麼？是逼迫麼？是飢餓麼？是赤身露體麼？是危險麼？是刀劍麼？

羅馬書八章卅五節

先磨利斧頭

有一個年輕人到木材場去找工作。

工場領班說：「你去把那棵樹砍下來，讓我們看看你能不能勝任這份工作。」

年輕人用很純熟的技巧，很快地就把樹砍下來了。

領班很滿意，說：「不錯！你明天就可以來上班了！」

年輕人很認眞地工作，一星期很快過去。

到了發薪資的日子，領班走過來跟他說：「你可以收拾東西回去了，明天不用來了！」

年輕人大吃一驚，忙問：「爲什麼？」

領班說：「我們對每個人的工作量都做紀錄。根據紀錄顯示，你的工作成績一直落後進度，而且持續多天，每天都在落後。所以我們沒辦法用你了。」

年輕人說：「可是我每天都很認眞工作啊！早上我最早來，下班最晚走，甚至於在大家休息喝茶的時候，我都沒休息，還一直工作。」

領班想了一想，這個年輕人說的也沒錯。他的工作時間的確很長，工作精神可以算是夠勤奮的了。再加上面試的時候，領班考察過他的技巧，確實是夠純熟的啊！

可是爲什麼成績會那麼差呢？

領班思索了一會，問年輕人：「那是不是你的斧頭有問題？」

「你多久磨利它一次呢？」

年輕人誠實地回答說：「啊！我好久沒磨我的斧頭了！我因工作太忙，根本沒時間去磨我的斧頭啊。」

朋友！你是否常像這名年輕人，在忙碌中迷失了方向？你是否常捨本逐末，忘記了要先磨利斧頭？這才是最重要的事啊！

工欲善其事，必先利其器。沒有先磨利斧頭就砍樹，當然事倍功半，忙了半天還是沒有果效。

我們的人生也是一樣。若沒有掌握好最重要的事，就常會捨本逐末，隨著世界團團轉，空忙卻一事無成。

在人生的道路上，我們應該隨時注意去磨利靈命的斧頭。若沒有做好這一點，無論我們再如何努力，如何勤勞，生命的成果都將非常有限。

你有沒有天天用聖訓來煉淨你靈命的斧頭呢？還是任由你靈命的斧頭鈍了、銹了，都還不自知呢？

鐵器鈍了，若不將刃磨快，就必多費氣力；但得智慧指教，便有益處。

傳道書十章十節

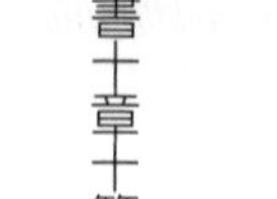

Part 5 禱告的重量

在你人生的路上，
你遇到過多少天使呢？
還是，你總是把他們拒於門外？

桌巾

有一對年輕牧師夫婦被派到紐約布魯克林區去爲一間老舊的教堂重新開幕。他們看到那間老教堂的確很破落了，需要大力整修。他們訂下一個計畫的時間表，每天做一點整修，準備聖誕夜舉行重新開幕的禮拜。

聖誕節前一星期，所有的工作幾乎都照著進度差不多完成了。但是突然來了連續兩天的暴風雨。聖誕夜的前三天，當牧師到教堂去的時候，他看到屋頂裂了一個縫，祭壇後面牆壁的油漆剝落了一大片，大概有二十一呎長八呎寬。

牧師心冷了半截，把掉落地上的油漆掃乾淨，心裡盤算著該怎麼辦。「是不是必須把聖誕夜的禮拜取消？把重新開幕的時間延後呢？」他想。

在他回家的路上，剛好碰到當地一些企業聯合擺攤子舉辦的一場像跳蚤市場一樣的義賣會。他信步走進去瞧瞧。

他注意到一張很漂亮的桌巾，象牙色的，桌巾中間繡著一個大大的十字架。桌巾的大小剛好可以蓋住教堂牆上那片油漆剝落處。

他把桌巾買了下來，折回教堂去。

天空下起雪來。

一位老太太從對街跑來要搭巴士，結果沒趕上。下一班巴士要再等四十五分鐘才來。

牧師請老太太到教堂裡等，可以避避風雪，溫暖一點。

牧師開始去搬梯子，把那張剛買的大桌巾掛到牆壁上，剛好蓋住剝落的地方。

「感謝主！簡直太完美了！」牧師看著掛好的桌巾，滿意極了！

突然，他注意到老太太走到前面來，盯著桌巾，臉色發白。

「牧師，你哪來的這張桌巾？」老太太問。

牧師把前因後果解釋給她聽。

「你可不可以看看桌巾右下角是不是繡有EBG字樣？」老太太聲音顫抖地問。

這正是這位老太太名字的縮寫。

牧師檢查了桌巾的右下角，果然有這幾個字樣。

桌巾正是三十五年前老太太在奧地利時親手繡出來的。

老太太跟牧師說：「三十五年前，我跟我先生住在奧地利，家境富有。納粹來了以後，我們被迫離開。我先走，我先生隔一個星期走。」

「後來我被送到集中營，再也沒看到過我先生，也從此沒再回家過。」她說。

牧師聽了，要把桌巾還給老太太，但老太太卻要牧師留著給教堂用。

牧師於是堅持開車送老太太回家。她住在史塔登島，只有每星期到布魯克林區做清潔工。

幾天之後，教堂順利地在聖誕夜重新開幕。整間教堂幾乎全部滿座。音樂及氣氛都很好，很多人都說下星期天會再來聚會。

禮拜結束了。有一個鄰居的老先生坐著還不離開。牧師認得他。

「牧師，你這張桌巾哪裡來的？」老先生問，「我戰爭前住在奧地利的時候，我太太繡了一張這樣的桌巾。世界上居然有兩張這麼相像的桌巾！」

他告訴牧師，三十五年前他跟太太是因爲納粹入侵奧地利而分散的。他要太太先離開，他隨後就走。沒想到後來他就被抓入牢裡去了。從此沒回家，也沒再見到太太。

牧師愣住了。「您能讓我開車載您去兜兜風嗎？」牧師問老先生。「好啊！跟你聊聊我的故事，如果你有興趣的話。」老先生答。

牧師把車子開到史塔登島一間公寓前，三天前他才送老太太回來的地方。他扶著老先生爬了三層樓的階梯，在老太太的門上按了門鈴。牧師親眼目睹了一場感人的聖誕團圓。

朋友！這是一位美國牧師敘述的真實故事。上帝讓人團圓的方式實在太奇妙了。

人海茫茫，尋尋覓覓，唯有上帝知道在哪裡。人唯一能做的只有禱告，其餘的就是上帝的工作了。

所謂謀事在人，成事在天！成功之路，唯有靠上帝指引腳步。

人心籌算自己的道路；惟耶和華指引他的腳步。

箴言十六章九節

錯失的禮物

有一個男孩要大專畢業了。他在車行看中了一輛新跑車，他知道這價錢父親買得起。於是他告訴父親，他想要這輛跑車作爲他的畢業禮物。

畢業典禮日漸接近了，他一直期待著。終於，畢業典禮那天早上，他父親笑咪咪地叫他到書房裡，遞給他一份包裝精美的禮物。

他好奇地打開禮物，是一本眞皮封面的聖經。有他的名字燙金印在上面。並不是他日思夜想的車子鑰匙。他憤怒地問：「你的錢就只買這本聖經給我？」他氣得衝出去沒再回來。

多年以後，這名男孩事業成功，成了家立了業。

他想，父親老了，應該把他接過來住。然而，在他著手安排之前，卻接到一封電報，說他父親去世了，把所有遺產都給了他。

當他回到父親的家。一股難過和懊悔湧上心頭。

他收拾父親的遺物，看到那本聖經原封不動地擺在桌上，就和幾年前他離家時一樣。他的眼淚不禁掉了下來。

淚眼中，他打開聖經翻著翻著，看到他父親在馬太福音七章十一節處畫了線：「你們雖然不好，尚且知道拿好東西給兒女，何況你們在天上的父，豈不更把好東西給求祂的人嗎？」

當他讀到這裡，一把鑰匙從聖經的封底掉了出來。鑰匙附著車行的標籤，標籤上寫著的日期正是他畢業典禮那天，並且註明了「全額付清」。

他淚流滿面，卻已喚不回愛他的父親。

朋友！你是否曾經像男孩一樣，錯失了什麼珍貴的禮物，等到察覺時，一切都已經來不及了呢？

我們一生會接到許多禮物，有些無足輕重，有些卻禁不起失去。

一時的錯失，造成永遠的遺憾，就看你有沒有足夠的智慧去分辨。

來自父親的禮物，往往彌足珍貴，值得重視；因為父親總是拿好東西給兒女。上帝就像是天上的父親，祂給兒女的禮物，就看我們有沒有足夠的智慧去珍重。

聖經上說，天父已經把最好的禮物——耶穌基督——送給祂的兒女了，我們有沒有福氣接受這份禮物？還是像這名男孩一樣，不屑一顧就跑走了？

想要避免將來的懊悔與難過，何不現在就打開禮物看看呢？給自己一個「不錯失好禮物」的機會。

你們雖然不好，尚且知道拿好東西給兒女，何況你們在天上的父，
豈不更把好東西給求祂的人嗎？

馬太福音七章十一節

爲天使開門

每一個星期天下午，在禮拜結束後，牧師總會跟他十一歲的兒子到鎮上去散發福音傳單。

這天，下著雨，天又冷，牧師決定暫停一次：「今天別出去了！」但兒子卻堅持地說：「又冷又下雨，還是會有人走向地獄。你不去沒關係，但請讓我去吧！」見兒子堅持，牧師只好答應他。

少年在鎮上的街頭，向路過的每一個人散發福音傳單。兩個小時過去，他已全身溼透，寒冷澈骨。手上剩下最後一張傳單。這時，街頭已經看不到任何人了。

他決定轉到街頭第一家去敲門。他走到這戶人家的前門，按了鈴。

等了一會兒，沒人應門。他再按，依然沒有動靜。他準備走了，卻聽到有一點聲響，他決定再等等看。

一會兒，門開了，出現了一張蒼白悲傷的臉龐，是位老太太。

「抱歉！老太太！打擾妳了！」他說：「我只是想來告訴你：耶穌真的愛你！這是我們教會的福音單張，上面記載了這件事，告訴你這個好消息。」

「老太太！記住喔！耶穌真的愛你！再見啦！」少年遞出手中最後一張福音單張，連蹦帶跳地走了。

接下來的那個星期天，上午在禮拜聚會的時候，牧師問有沒有人要做見證？坐在最後一排有一位老太太緩緩站起來，臉上發著光。

老太太說：「這教會裡沒有人認識我，我從來沒來過這裡。事實上，上星期以前，我還不是基督徒。」

「我丈夫過世了，我一個人孤單單活在這世上。上星期天，是一個特別冷又下雨的日子，我的心更覺寒冷了，我覺得已經走到人生的盡頭，我再也不想活了。」

她繼續說：「於是我拿了根繩子到小閣樓去，準備上吊。我站在椅子上，繩子一頭綁住木樑，一頭綁在我的脖子上，我只要踢開椅子，就可以結束我這悲哀的一生了。」

「這時，我突然聽到門鈴響，我想等一分鐘，等敲門的走了再踢掉椅子，沒想到這人還眞有耐性，仍然又按了門鈴。這也使我好奇起來，因爲從來沒有人會記得我，也從來沒有人來敲我的門。我決定去看看。」

「我開了門，沒想到是一位少年，他笑著對我說：『我只是想來告訴你，耶穌眞的愛你！』我難以形容他臉上的光彩，他的笑容把陽光帶給我，他是上帝派來的天使，把光彩帶進這一片陰霾霾的黑暗裡。」

「他遞給我這張福音單張，我仔細閱讀之後，決定去小閣樓把繩子和椅子取下來，我再也不需要它們了。」

「你們看，我現在成爲上帝的兒女了。因爲上星期天上帝救了我，祂在最緊要的時刻，派了一位可愛的天使來救我，把我從地獄門口帶回來。這福音單張背面就有你們教會的地址。」

每一個人的眼眶都濕了。

牧師走向他十一歲的兒子，擁抱著這個上帝的天使，感動得頻頻拭淚！

淚眼中，大家大聲唱起讚美詩！

朋友！上帝愛世人，常常派天使在你行的一切道路上保護你。你有沒有像這位老太太一樣為天使開門呢？

聖經裡描述的上帝是位憐憫孤兒寡婦的上帝，祂總是差派天使在周遭保護、扶持孤兒寡婦（詩篇第一四六篇九節）。因為孤兒寡婦歷經傷痛，心靈格外謙卑敏感，容易感受到天使的存在，他們願意為天使開門。

上帝派的天使，就是要為那將要承受救恩的人效力（希伯來書一章十四節）。也就是那些肯開門的人。

朋友！在你人生的道路上，遇到過多少天使呢？還是，你總是把他們拒於門外呢？

因祂要為你吩咐祂的使者，在你行的一切道路上保護你。

詩篇九十一篇十一節

救主或判官

在一個寒冷凍骨的冬天裡，積雪處處，湖水也凍成了冰塊。一個法律系的大學生走在路上，要去學校上課。

他看到鄰居一個男孩在湖面上溜冰，突然，冰塊破裂了，男孩掉進湖裡去。

這名法律系的大學生毫不遲疑地奔過去救這男孩。他很勇敢地靠近冰塊破裂的洞邊，從死神手裡把男孩救起來。

男孩全家都非常感激這名大學生。

幾年過去，這名法律系學生成為很成功的律師，後來更晉升成為法院的法官。

有一天，一名骯髒且留著長髮的年輕人被帶到他面前。這名年輕人被控多項罪名。

法官看到這名年輕人的臉，看到他的名字，想起這名年輕人就是幾年前他從湖裡救起來的那個男孩。

他叫這名年輕人上前，年輕人也發現法官居然就是當年的救命恩人。年輕人一下叫出當年救命恩人的名字，並要求法官放過他。

但是這名法官卻對他說：「不錯，我雖然曾經是你的救命恩人，但現在，我卻是你的審判官，按你犯的罪來審判你。」

「我曾給過你機會，救了你的命，你卻沒有好好珍惜。現在是審判的時候，一切都來不及了。」法官說。

朋友！聖經所講述的福音就是一個「救主和判官」的故事：耶穌是救主，祂用釘十字架犧牲的寶血來救贖人類。但將來有一天，祂卻要變成人類的判官，根據人們所作所為來進行審判。

聖經預言，上帝已經定了日子，要藉著耶穌，按公義審判天下。（使徒行傳十七章卅一節）並預言，到審判的時候，我們都要站在耶穌的檯前，各人必要將自己的事在祂面前陳明，聽候審判。（羅馬書十四章十二節）

你面對的是救主還是判官？時機正是關鍵因素。

沒有人願意將來聽到判官如是說：「我曾給過你機會，救了你的命，你卻沒有好好珍惜。現在是審判的時候，一切都來不及了。」

因為祂已經定了日子，要藉著祂所設立的人，按公義審判天下。並且叫祂從死裡復活，給萬人作可信的憑據。

使徒行傳十七章卅一節

從全能神來的訊號

有一位牧師負責照料一間教會，教會的名字叫做「全能神」教會。

有一個星期六的晚上，牧師工作得很晚，到十點鐘，他決定收工了。

他拿起電話，想告訴太太說他馬上要回家了。可是電話響了好久，都沒有人接。

牧師覺得很奇怪，他太太應該在家的，可能是在院子沒聽到，於是他讓電話多響了一會兒，想讓他太太聽到來接。

沒想到電話響了半天還是沒人接，於是他先掛斷，收拾好手邊的東西，再試一次。這次，他太太很快地就來接了。

他問她：「妳剛剛去哪了？怎麼沒來接電話？」

他太太回答說：「我一直在家裡啊！電話並沒響過啊！」

牧師也沒把這事放在心上，就回家了。

星期一早上，牧師在教會裡接到一通電話，是回撥到他星期六晚上用的那台電話上的。

打電話來的人問說：「上星期六晚上，你們這裡有誰找我？有什麼事嗎？」

牧師一時沒會意過來，後來想起那晚太太說的話，一定是自己撥錯電話號碼了。

牧師趕忙道歉，說：「是我，我那天是要打電話回家，可是撥錯了號碼。」

那個人顫抖地告訴牧師說：「我星期六晚上本來準備要自殺的，自殺前我向上帝禱告，我說：『上帝啊！如果你眞的存在，而且眞的不要我自殺，那就給我一個訊號吧！』

「沒想到，我才一禱告完，電話機就響了。我看了一下電話機上的面板，顯示著這通電話是從『全能神』打來的。嚇得我不敢接聽，也不敢自殺了。」他說。

「今天我才曉得原來這裡是『全能神』教會！謝謝你們救了我的命！」

牧師聽了非常感動，告訴他：「感謝上帝吧！祂果眞是全能神！」

朋友！聖經裡介紹的上帝是位全知全能的上帝，祂知道每個人的需要；祂也是有恩典、有憐憫的上帝（詩篇一〇三篇八節），在危急的時候伸手拯救困苦的人。

拯救的奇蹟為何總是降臨在困苦人的身上？因為困苦的人願意向上天呼求。他們在人生走到盡頭的時候，願意放棄自我，全然接受天意的安排，這樣卑微無助的心靈，獲得上帝的垂憐。正所謂：天公疼憨人。

上帝隨祂的意思愛憐憫誰就憐憫誰，愛恩待誰就恩待誰（羅馬書九章十五節）；我們不知道上帝的救恩會臨到誰，但我們知道祂喜愛憐憫，而蒙受恩典的必是那卑微求助的心靈。

> 困苦的百姓，祢必拯救；高傲的眼目，祢必使他降卑。
>
> 詩篇十八篇廿七節

即使在黑暗夜

有一個強壯的男人正面臨事業中挫，他年輕的妻子又因病突然去世，留下一個不滿五歲的小女兒給這個大男人。

追思禮拜在小教堂進行，喪禮非常簡單而哀傷。

喪禮結束，鄰居們紛紛來跟這個男人說：「讓我們幫你照顧你的女兒吧！這幾天就讓她住在我們那兒，免得直接回家太過傷心了。」

但是這個男人卻感謝了他們的好意，決定跟孩子共同面對這一切。

當這個男人跟孩子回到看起來空虛、死寂的家裡，想到妻子已經再也回不來了，男人與孩子都更哀傷了。

男人把孩子送上床，把燈關上。但他並沒有離開孩子房間，他在黑暗中靜靜地躺在孩子身邊。

他們兩個都難以入睡。孩子不斷啜泣，思念著不可能回轉來的母親。男人聽到孩子的哭泣，心如刀割，也只能默默地任她發抒哀傷。

不多久，小女孩停止了哭泣。男人以爲她睡著了，於是無助地仰起頭來禱告：「天父啊！這是個多麼黑暗的夜晚啊！我們只能仰望祢了！」

聽到爸爸的禱告，小女孩又開始哭了。爸爸說：「我以爲妳睡著了呢！」

小女孩說：「我試著睡，可是就是睡不著。我也正在想，這是個多麼黑暗的夜晚啊！你知道爲什麼會這麼暗嗎？暗得我都看不到你呢！」

隔一會兒，小女孩在淚眼中又輕聲說：「可是爹地，不管多黑多暗，雖然我看不到你，可是我知道你就在我旁邊。你會陪我的，對不對？因爲你愛我！」

男人伸出手臂，把小女兒摟在懷裡，輕輕拍著她，直到她終於眞的睡著了。

男人在孩子睡後，又開始流淚禱告，他重覆著孩子的話向上帝呼求：「天父！這是個多麼黑暗的夜晚，黑得我都看不到祢。但雖然我看不到祢，可是我知道祢就在我旁邊。祢會陪我的，對不對？因爲祢愛我！」

就在那刻，上帝的靈觸摸了他，就像他將小女兒摟在懷裡一樣，輕輕拍著他。他不再恐懼，安然的睡著了。

朋友！那裡有上帝的同在，那裡就有愛，就有平安！

換句話說，有「天公」同在，那就是一個安詳的「天人合一」的境界。

上帝的同在不是靠肉眼看見，乃是憑感覺。

無論多黑暗的夜晚，無論多淒苦的遭遇，只要能感受上帝的同在，就能驅走害怕，得以安眠。上帝的靈讓傷心得獲安慰，痛苦得獲醫治。

感受上帝的同在，享受天人合一的安詳，值得畢生追求！

我雖然行過死蔭的幽谷，也不怕遭害。因為祢與我同在。祢的杖、祢的竿都安慰我。

詩篇廿三篇四節

螞蟻與隱形眼鏡

小恬跟同學去攀岩，他們一群人去攀一個花崗岩的峭壁。雖然有點害怕，她還是穿戴好裝備，開始往上爬。

到了半路，碰到一個突出的岩塊。她可以稍稍喘口氣了，她掛在繩索上休息。不料，安全帶碰到小恬的眼睛，把她的隱形眼鏡給碰出來了。

往上還有幾百呎才到頂，往下離地也有幾百呎。小恬在這塊小小突出的岩塊上找了半天，並沒有找到她的隱形眼鏡。

攀岩的地方離家還很遠，沒有隱形眼鏡，小恬的視線一片模糊，要怎麼回家啊？她沮喪極了。她禱告求上帝幫她找隱形眼鏡。

當她爬到岩頂，同學們都在她衣服上、臉上、和脖子上拼命找，看隱形眼鏡是不是掉在她身上，可是仍然沒找到。

小恬望著一重一重的山巒，想到聖經上說：「祂的眼遍察全地。」

小恬想：「主啊！我們找不到，可是祢可以找到，因爲祢看得到山裡每一塊岩石跟每一片樹葉，祢一定知道我的隱形眼鏡在哪裡，求祢幫我！」

她們慢慢走下山，山腳下一群人正要上山。

有一個人突然喊著：「喂！看！有沒有人掉了隱形眼鏡？」

她們都圍過去，看到地上一隻螞蟻正背著一片隱形眼鏡，吃力地移動著。鏡片映照光線時，還閃爍著呢！

小恬回家告訴爸爸這件事，她爸爸是個漫畫家，於是畫了一幅漫畫。

一隻螞蟻扛著沉重的隱形眼鏡，說：「主啊！我不曉得你爲什麼要我背這個東西。又不能吃，又超重的！可是你要我背，我就爲你背吧！」

下面一行小字：上帝不見得使用有能力的人，但上帝會讓祂使用的人有能力！

朋友！上帝不見得使用有能力的人，但上帝會讓祂使用的人有能力！

我們也常像這隻螞蟻，並不清楚為什麼某些事會發生在我們身上？往往等事情過後，才發現上天的美意。

就像約瑟被賣到埃及為奴，發生許多事，又當上埃及的宰相。直到最後，約瑟才明白，上帝原是要拯救他們全家脫離災荒。

上帝不見得用能幹的人來執行祂的旨意，但上帝必裝備祂要用的人，讓他們有能力去完成祂所賦予的任務。

聖經上說：上帝必賜力量給祂揀選出來的百姓。（詩篇廿九篇十一節）上帝裝備他們，為要執行祂的旨意與計畫。

不要擔心目標看似艱鉅，只要符合上帝的旨意，就必有能力完成。

聖靈降臨在你們身上，你們就必得著能力。

使徒行傳一章八節

蜘蛛網

有一個年輕士兵在戰場上經歷了一場可怕的戰爭，他的營隊遭到敵人猛烈的砲擊，只剩少數的士兵四散逃亡。

這個年輕士兵用盡力氣往前跑，可是急切中卻跑錯了方向，離他軍隊紮營的地方越來越遠。等他會意過來，已經是後有追兵，難以回頭了。

他只好繼續往前衝，不再寄望他營區的同伴能給他什麼奧援。

他心裡充滿了絕望與害怕。最後，他跑到一個崖邊，旁邊是一個黑黑的崖洞，他已經全身無力、再也跑不動了。他知道後面追兵將至，於是躲進崖洞裡，希望能逃過一劫。

他匍伏在地，把自己藏在黑暗裡，急切地呼求上帝，求上帝救他躲過敵人的追趕。

他向上帝發願，如果上帝救他一命，他一定終其一生事奉祂。

當他禱告完，一抬臉，眼前出現一隻蜘蛛，正在洞口開始結網，細密的網線慢慢地從洞的這一邊織到那一邊。

他心想，眞諷刺啊，我求上帝派天兵天將來救我，祂卻派一隻蜘蛛，蜘蛛要怎麼救我呢？

不一會，他聽到敵兵接近的聲音，他們拿著長槍刺刀在搜尋逃脫的他。兩名敵兵走向這個崖洞，他緊張萬分，他聽到自己的心跳聲像打鼓。

一名敵兵站在洞前，剛好蜘蛛結完網，網絲蓋住了整個洞口，在夕陽裡閃著光芒。

敵兵望了望，退回去，對同伴說：「不可能躲在這裡的。要躲進去一定會弄破蜘蛛網的。蛛網沒破，肯定不在裡邊。我們走吧！」

幾年後，這個年輕士兵果眞成爲忠實的傳道人。他不斷見證上帝是如何在看起來完全絕望的時候拯救他。

他說：「有上帝同在，蜘蛛網就如堅固的城牆，沒有祂同在，再堅固的城牆也比不上蜘蛛網。」

朋友！上帝的拯救並不拘任何形式，即使小如蜘蛛、螞蟻，也都能成為上帝施行拯救的工具。

上帝又特別喜歡選用一些不起眼、世人看不起的人與事，來完成祂的工。祂總是選愚拙的，叫有智慧的羞愧；選軟弱的，叫強壯的羞愧（哥林多前書一章廿七節）。然而，神國的奧秘正是在這裡。

也唯有藉這些不起眼的小東西來完成天意，才能讓世間自以為有智慧的、強壯的無可自誇。也唯有選擇看起來完全絕望的時候施行拯救，方能凸顯上帝的存在。

有上帝同在，就是行在「天意」裡。天意不可違，有誰能阻擋呢？

上帝卻揀選了世上愚拙的，叫有智慧的羞愧；又揀選了世上軟弱的，叫那強壯的羞愧。

哥林多前書一章廿七節

禱告的重量

二次大戰後，有位女士進入一家商店，準備採購一些糧食。她在店裡東摸摸、西看看，一直打不定主意該買些什麼東西。

店主人過來問她：「要不要幫忙？您有多少預算？要買多少錢的東西？」

這位女士很難爲情地說：「老實講，自從我丈夫死在戰場，留下我們一家人經常三餐不繼。現在我身上一毛錢也沒有，我唯一能做的，只是爲你禱告，求上帝賜福你。」

店主人並不相信上帝，諷刺地說：「爲我禱告？賜福給我？」「哼！把妳的禱告拿出來秤秤看，看它能有多重？有多重就讓妳換多少東西回去吧！」店主人揶揄地說。

沒想到這位女士竟然眞的從口袋掏出一張紙，放到天平上說：「謝謝你，昨晚我剛好寫了一篇祈禱文。」

店主人無可奈何，連瞧都不瞧那張紙一眼，心想區區一張紙能有幾兩重？

店主人順手拿起一條麵包，往天平的另一端放上去，沒想到天平一動也不動。

店主人接二連三放了許多東西上去，天平仍舊靜止不動。

店主人嚇得光火，拿起一個大袋子，對著女士大聲說：「妳要什麼就自己去拿吧！拿完了就趕快給我走！」

那位女士拿著袋子流著眼淚，連聲道謝，很興奮地滿載而歸。

女士走了以後，店主人才發現，原來那一天，天平正好壞掉了。

他很納悶，天平故障會是一種巧合嗎？那女士爲何早不來，晚不來，偏偏選在天平故障的時候來？並且還眞的準備了祈禱文來！

他心想：「難道這祈禱文裡有什麼玄機嗎？」

他好奇地打開那張寫著祈禱文的紙，紙上只是簡單的一句話：「親愛的天父，求祢將我們日用的飲食，今日賜給我們！」

朋友！禱告的重量到底有多重？ 你的禱告能換到所求所想的東西嗎？為什麼

許多人的禱告都沒有用呢？

聖經上說：「我們求，卻得不著，因為我們妄求。」（雅各書四章三節）凡不在上帝的旨意裡求，就得不著；不在「天意」裡求，就是妄求。

那麼上帝的旨意在哪裡呢？就在聖經裡。

禱告要有果效的第一個要件就是要按上帝的旨意，或按聖經的話來求。這位女士按著聖經的話：「我們日用的飲食，今日賜給我們。」（馬太福音六章十一節）來求，符合了禱告有果效的第一要件。

這位女士且預先把禱告辭寫在紙上，可見她信心充滿。因此，她求，就必得著。聖經上應許說：「你們禱告，無論求什麼，只要信，就必得著。」（馬太福音二一章廿二節）信心，是禱告有果效的第二個要件。

拿「天意」與「信心」兩個要件來秤，就可以知道你禱告的重量有多重了。

我們日用的飲食，今日賜給我們。

馬太福音六章十一節

歷代志上第一章

有一位老牧師病得很嚴重，快要死了。一位年輕的牧師去看他。

「要不要我為您唸一段經文呢？」年輕的牧師問奄奄一息的老牧師。

老牧師虛弱地點點頭。

「有沒有哪段經文是您最喜愛的呢？我唸給您聽！」年輕牧師問。

「嗯！你能唸歷代志上第一章給我聽嗎？」老牧師緩緩地說。

「亞當生塞特；塞特生以挪士；以挪士生該南；該南生瑪勒列；瑪勒列生雅列；……」

年輕牧師一個字一個字很小心地唸著這個歷代志上第一章的家譜。每一個名字他都小心而準確地發音，不敢馬虎。

這一章共有五十四節，有兩百五十個人的名字。

老牧師很仔細地聽著每一個名字，當年輕牧師唸完，老牧師熱切地說了句：

「阿門！」

「謝謝你！孩子！我覺得很舒服，很安慰！」老牧師說。

「爲什麼呢？」年輕牧師覺得很困惑。

「這只是一堆人的名字啊！能給你什麼安慰呢？」他問。

老牧師半閉著眼睛，回答說：「你想想，上帝知道他們每一個人的名字呢！」

「所以祂一定不會忘記我叫什麼名字！」老牧師安心地說。

朋友！聖經上說，在最後審判的時候，只有名字登記在生命冊上的人，才能進天國。（啓示錄廿一章廿七節）老牧師再次確定他死後的去處，因此深感安慰，對死充滿盼望，一點也不害怕。

而你，名字有沒有在生命冊上呢？

聖經上說，只要人得救重生，就等於受了聖靈的印記。（以弗所書一章十三節）又說：「上面有這印記說：主認識誰是他的人。」（提摩太後書二章十九節）

在最後審判的時候，上帝會按著生命冊上的名字一一過濾，憑著人身上聖靈的印記，認出每一個人。就像歷代志上第一章，兩百五十個人的名字，上帝認得每一個。

帶著盼望面對死亡的人，不懼怕死亡，反期待另一層次的永生。

若有人名字沒記在生命冊上，他就被扔在火湖裡。

啓示錄二十章十五節

奇異恩典

奇異恩典，何等甘甜，我罪已得赦免；前我失喪，今被尋回，瞎眼今得看見。
如此恩典，使我敬畏，使我心得安慰；初信之時，我蒙恩惠，眞是何等寶貴。

這首膾炙人口的詩歌，作詞者爲約翰．紐頓（1725-1807）。

約翰．紐頓生於倫敦，父親是西班牙人，是軍艦的航海員。母親是英國人，是一位虔誠的基督徒。

小時候，紐頓在母親的教導下，四歲就已經能認字、讀聖經、背聖詩。並且在教堂中參與信仰答問的課程。母親一直期望他能夠爲上帝所用，做傳道人。只可惜母親在他七歲的時候就過世了。

母親過世後，紐頓上了兩年學校，經歷不甚愉快。十一歲便輟學跟父親走船，過航海的生活。但從此染上水手糜爛的生活，放蕩不羈，遠離母親小時候的教訓。

不久，紐頓在非洲一帶幹起販賣黑奴的勾當，後來出事，還淪爲黑人的奴僕，靠父親設法營救，才得以回到倫敦。

二十三歲那年，紐頓搭船返回英國途中，突然遇到暴風雨，幾乎沉船喪命。就在危急時刻，紐頓想起孩提時候所依靠的上帝，大聲呼叫神的名。

在船上，他被聖靈觸摸，感動得痛哭流涕，立刻跪下來認罪禱告，心靈受到聖靈的洗滌。

雖然他沒有立刻放棄販賣黑奴的惡事，但已經漸回天父的懷抱。及至他對耶穌基督有更深一層的認識，再度認罪悔改，從此生命得以重生。

紐頓重生之後，決定全職奉獻給主，完成母親的遺願當個傳教士，可惜因爲學歷太低，不被接納。

但是紐頓並沒有灰心，他自修苦讀，研究神學，經過十多年的努力，在三十九歲那年被按立爲聖公會牧師，完成母親的心願。成爲精通希臘文與拉丁文的神學家，也成爲一位大詩人，創作許多動聽感人的詩歌。

〈奇異恩典〉正是紐頓發抒他對上帝拯救的感恩之情。

當他八十二歲去世的時候，他爲自己的墓碑做了一生的註腳：「牛頓牧師，從前犯罪、不信神，曾在非洲作黑奴之僕。因著主耶穌基督的憐憫、恩典，得蒙拯救，罪得赦免；並受呼召從事福音事工。」

朋友！人非聖賢，孰能無過。但聖經揭示上帝奇妙的恩典就在於：我們若認罪悔改，就必蒙赦免。（約翰一書一章九節）

人生真的可以重新來過嗎？犯錯的事可以不算嗎？可以像寫錯了的考卷，擦掉重來嗎？

在聖經裡，這點答案是肯定的。

我們若認自己的罪，上帝是信實的，是公義的，必要赦免我們的罪，
洗淨我們一切的不義。

約翰一書一章九節

Part 6

勇敢去愛

朋友，把愛散佈出去！
生命即使短暫，
卻能發出撼動人心的不朽價值。

世上最寶貴的東西

有一個聰明的人在山間旅行，在一條溪裡發現了一塊閃耀的寶石，他很高興地收在袋子裡。

隔天，他在路上遇到了另一個旅人，兩人一起旅行，成了朋友。他們一路討論什麼是世界上最寶貴的東西。

併肩走了大半天，新朋友說：「我肚子好餓，我帶的東西都吃光了。」這位聰明的人很慷慨地把他的食物拿出來，與這位新朋友一同享用。

新朋友說：「食物是最寶貴的東西。」

聰明人則說：「友誼才是最寶貴的東西。」

這位新朋友在聰明人打開背袋的時候，一眼瞥見那顆閃耀的寶石，就向他借來觀賞，愛不釋手。

新朋友說：「寶石是這世界上最寶貴的東西。」

但聰明人並不以爲然。

得知這塊寶石是溪裡撿來的，並沒有花什麼代價，新朋友就跟這位聰明人說：「既然是你無意中撿到的，你又不覺得很寶貴，那就送給我吧！」

這位聰明人毫不猶豫說好，把那塊寶石給了這位新朋友。

新朋友興高采烈地走了，爲自己的好運氣感到慶幸。他知道這顆寶石價值不菲，他等於發了一筆横財。

幾天之後，新朋友跑回來找這位聰明人，垂頭喪氣把寶石拿出來還給他。

「怎麼了?你不是認爲，它是世界上最寶貴的東西嗎?」聰明人問。

新朋友對他說：「這顆寶石雖然很寶貴，但我拿回去之後，煩惱跟著來，擱在家裡怕被偷，拿去賣又怕被問是怎麼得來的。而且一想到我是怎麼得到它的，就覺得自己好『貪』，這種感覺讓我很不舒服。」

「後來我就想把它也轉送給別人，但是實在做不到。我才看到，世界上有比這顆寶石更寶貴的東西：就是你那顆願意給予的心。」新朋友說。

朋友！施比受更為有福！你能體會這份福氣嗎？

除了能享受「助人為快樂之本」的喜樂之外，聖經更預言了慷慨、及願意給予的益處。願意給予的，常得到更豐裕。一毛不拔的，反而會窮乏。

因為給出去的越多，上天賜予的將更多。不肯給的，連原來有的都可能保不住。

> 有施散的，卻更增添；有吝惜過度的，反致窮乏。
> 好施捨的，必得豐裕；滋潤人的，必得滋潤。
>
> 箴言十一章廿四、廿五節

上帝的眼淚

那是一個炙熱的夏季，整個月都沒有下雨。大地異常乾旱，稻穀逐漸枯萎，連牛隻都乾得擠不出牛奶。溪河見了底，上次這樣的乾旱時，有七家農家因此破產。

每一天，家中的男人都外出四處去找水，水源也越來越少了。大家都明白，如果再不趕快下雨，全村都逃不過破產的命運。

但就在那一天，瑪莉親眼目睹了一件奇蹟。

那天，瑪莉正在廚房爲丈夫作中午的便當，她瞥見六歲的兒子湯姆走到林子裡去。

他小心翼翼的踏著他的步子，不像平常那樣悠哉。瑪莉只能看到他的背。顯然，他是很努力地想不弄出任何聲音。

他消失在林子裡幾分鐘之後，瑪莉接著看到湯姆跑出林子，向屋子裡衝。瑪莉回過身子弄午餐，心想他一定正在進行什麼大工程。

一會兒之後，湯姆再一次地用緩慢小心的步伐，一步步走向林子。這樣的舉動來來回回有一個鐘頭之久，都是慢慢地走向林子，然後用跑的奔回屋子。

瑪莉再也忍不住了，她偷偷走出屋去，悄悄地跟著兒子，她很小心不被湯姆看到，因爲很顯然的兒子正在進行一件很重要的事，不希望媽媽監視他。

瑪莉看到湯姆把兩手搗在前面，捧著一掌的水，小小心心不讓水流出來，他的小手大約只能捧兩三茶匙的水。

林子裡的樹枝劃過湯姆的小臉，但他並沒有閃躲，專心地捧著手掌裡的水。

瑪莉媽媽跟著他，她吃驚地發現，有七隻鹿出現在湯姆面前。

瑪莉看到兒子走向這幾隻大鹿，差點尖叫出來。有一隻強壯的公鹿離湯姆那麼靠近，瑪莉擔心牠的角會傷到兒子。

但是這隻公鹿並沒有威脅到湯姆，甚至當湯姆跪下來時，公鹿都沒有動一下。瑪莉看到地上躺著一隻小鹿，顯然是乾熱的天氣使牠脫水而病了，牠把頭費力地舉起，伸進湯姆的小手裡，把湯姆手掌裡的水舔乾了。水一喝乾，湯姆就跳起來，急急地奔出林子，奔向屋裡再取水。

瑪莉跟著他回到屋裡，躲在牆後偷看，湯姆跑到一個停掉不用的水龍頭前，打開水龍頭，跪在地上，用小手接著滲出來的一滴滴小水滴，大約要二十分鐘才能接滿一手掌的水。

瑪莉明白怎麼回事了。

湯姆上星期在玩水管的時候，大人告訴他現在缺水嚴重，絕對不能浪費任何的水。所以湯姆才取這裡不用的水滴。

湯姆一轉身，發現媽媽就在身後，他連忙說：「我沒有浪費水！我眞的沒有！」

瑪莉趕緊安慰兒子：「是啊！我知道你沒有浪費水。媽媽知道你在救那隻小鹿，媽媽以你爲榮呢！」

瑪莉從廚房找來一個勺子，幫助兒子進行他的工作，去餵小鹿。

看到兒子這麼用心地搶救另一條生命，瑪莉感動得眼睛濕了。

就在她感動落淚的時候，瑪莉發現還有其他的水滴落在臉上，一滴，兩滴，越來越多。下雨了！

「啊！上帝的眼淚！」瑪莉叫了出來。上帝也爲湯姆的愛心而感動得流淚呢！

這場雨救了瑪莉一家，就像湯姆救了那隻小鹿一樣。

「你願意給出去多少，上帝就願意給你多少！」瑪莉這麼想。

朋友！上帝喜悅有愛心的人。「沒有愛心的，就不認識神，因為神就是愛。」（約翰一書四章八節）

上帝要我們做事要憑愛心而做。當我們付出愛心，上帝對我們的獎勵就是加倍的賜福。你願意給出去多少，上帝就願意給你多少。

善有善果，惡有惡報。上天的定律本是如此。

凡你們所作的都要憑愛心而作。

哥林多前書十六章十四節

天作之合

翠西頹坐在教堂的長椅子上，陣陣失落感向她襲來。這是她母親過世的追思禮拜，失去母親的傷痛啃噬著她的心，幾度讓她痛不欲生。

翠西想起母親生前的一幕幕：小學，翠西參加話劇演出，母親總是坐在最前排，鼓掌鼓得最大聲。中學，父親過世，母親摟著她的肩膀安慰她。大學，功課繁重，母親仍爲她料理飲食操勞家務。

母親這一生，沒有一天停止爲她們禱告。當母親診斷出罹患癌症的時候，翠西的姊姊剛生下一個小嬰兒，翠西的哥哥剛結婚，照顧母親的事就落在二十七歲的翠西肩上。翠西跟母親的感情很好，翠西喜歡照顧母親，並以這份工作爲榮。

幾年下來，翠西習慣了母親在身旁的日子，她爲母親做飯，送母親上醫院治療，跟母親一起上教堂，一起唸聖經、禱告。

現在母親走了，翠西覺得孤單極了。望著旁邊的椅子，姊夫摟著姊姊抽搐的肩膀安慰她，嫂嫂握著哥哥的雙手給他支持，只有翠西自己一個人孤孤單單坐著。身旁的位置，本來應該是母親的呀！現在只剩她一個人！

「神哪！我前面一片空白，我該怎麼活下去？」翠西向神哭訴。

突然教堂的門輕輕開了又闔上，一個激動的年輕人進來，坐在翠西身邊，眼光泛著淚，輕聲喃喃自語：「瑪莉姑媽！對不起！我來遲了！」

當他發現追思禮拜上唸的名字不是他的瑪莉姑媽，他問旁邊的翠西：「這裡不是路德教堂嗎？這裡不是瑪莉姑媽的追思禮拜嗎？」

「不！這是我母親南西的追思禮拜！這是聖保羅教堂！路德教堂是對街那間！」南西回答。

看到他的窘樣，翠西不禁笑了起來！年輕人也爲自己的魯莽好笑起來，他是一所教堂的助理牧師，剛剛匆忙結束禮拜趕來。

一年之後，翠西和這位助理牧師結婚了。

這是南西媽媽和瑪莉姑媽做的媒。

朋友！上帝說：那人獨居不好，我要為他造一個配偶幫助他。（創世紀二章十八節）這是夫妻與婚姻的起源。

又說，「夫妻不再是兩個人，乃是一體的了。」

所以，上帝配合的，人不可分開。

只要憑信心禱告尋求上帝，上帝就會將適合的配偶帶來給你。所謂有緣千里來相會。

等候！唯有天賜的良緣，方能天長地久。

夫妻不再是兩個人，乃是一體的了。所以，上帝配合的，人不可分開。

馬太福音十九章八節

海上救難隊

荷蘭有一個漁村，整座村子都以捕魚維生。

爲了因應緊急需要，村民自發性地組織海上救難隊，當有急難發生時，救難隊就會出動。

在一個狂風怒吼的晚上，強烈的風暴捲走了一艘漁船，在千鈞一髮的時刻，那艘漁船的水手發出了求救的信號。

岸邊的海上救難隊於是立刻鳴起警笛，動員救難。所有的村民都擠到岸邊，揚起燈籠，瞪大著眼睛等待、觀看。

不久，救難隊精疲力盡地回來了。他們說，還有一個人沒救回來，因爲救難船已經滿載，如果超載，所有的人都將罹難，所以只好先捨下他。

救難隊隊長立刻徵求第二批救難隊伍。十六歲的漢斯挺身而出。

但是漢斯的媽媽拉住他，哭求著說：「求求你，你別去，讓別人去吧！你爸爸十年前死於船難，你哥哥保羅上次出海就沒回來，已經失蹤三個星期了。我現在只剩下你了呀！」

小漢斯回答說：「不！媽媽！我必須去！這是身為救難隊員的責任！」

他吻別了母親，跟著救難隊消失在狂風暴雨的夜裡。

一個小時過去了，漢斯的媽媽覺得像過了一世紀，分分秒秒都那麼難挨。

終於，救難船遠遠地在濃霧中出現了，漢斯站在船頭。

隊長大聲喊著問：「有沒有找到那個生還者啊？」

漢斯幾乎不能控制他的興奮，大聲地回答說：「找到了！告訴我媽，那個人就是我哥保羅啊！」

朋友！像小漢斯這樣勇敢無私的奉獻，必得上帝的大賞賜。這是聖經的應許：只要我們忍耐，行完了上帝的旨意，就可以得著所應許的。

小漢斯得到上帝的賞賜，除了有一顆勇敢的心以外，還要先行完上帝拯救海難的旨意。如果臨陣逃脫、或半途而廢，都得不到賞賜。

上帝等著要給勇敢的人大賞賜，就看他能不能堅持到底去行完上帝的旨意。

所以，你們不可丟棄勇敢的心；存這樣的心必得大賞賜。
你們必須忍耐，使你們行完了上帝的旨意，就可以得著所應許的。

希伯來書十章卅五節

你是我的陽光

有一個媽媽懷孕了，天天讓她三歲的兒子貼著媽媽的肚子，唱歌給腹中的女嬰聽。小男孩樂此不疲，最喜歡唱：「你是我的陽光，我唯一的陽光。……」

有一天，小妹妹要出生了，媽媽在醫院裡卻難產。小女嬰雖然是出生了，可是必須住在初生嬰兒的加護病房。

醫生宣布，女嬰存活的希望渺茫，要做父母的有心理準備。

於是，做父母的只好難過地安排女嬰的墓園和喪禮。

小哥哥一直要求媽媽讓他進加護病房去看小妹妹。

他說：「我要唱歌給她聽。她好幾天沒聽我唱歌，她會睡不著的。」

但是加護病房是不允許小孩子進去的。

到第二個星期，女嬰撐不下去了，醫生一直搖頭，做了令人絕望的表示。

媽媽心想，再不讓小哥哥去看她，就可能永遠看不到了。於是不顧醫院護士的反對與阻擋，把小哥哥帶進加護病房。

媽媽抱著小哥哥貼近小女嬰的床，小哥哥說：「妹妹本來天天聽我唱歌的，可是這個星期我都沒唱給她聽呢！」

小哥哥於是開始用他三歲稚嫩的聲音唱起歌來：「你是我的陽光，我唯一的陽光。你讓我快樂，即使天空灰暗……」淚水流滿媽媽的臉。

突然，小女嬰有反應了。心率變得平穩起來。原本呼吸艱澀勉強，突然變得平順起來，像小貓似的呼呼作響。

一旁的護士及媽媽被這個景象嚇住了，媽媽忙說：「甜心，繼續唱，繼續唱！妹妹在聽呢！」

小哥哥繼續唱下去：「親愛的，你不知道我多麼愛你！請別把我的陽光帶走。……」

小妹妹放鬆了，進入安靜的睡眠。這一場安穩的睡眠具有療效，救了小妹妹的生命。

葬禮取消了。小女嬰一星期後完全健康，可以出院了！

醫生們說，那是小哥哥用他的愛創造了奇蹟。

朋友！愛是永不止息。Love never fails.（哥林多前書十三章八節）這句話也蘊含著：「愛永不落空」的意味。

正因為愛永不落空，所以愛可以創造奇蹟。

上帝就是愛；住在愛裡面的，就是住在上帝裡面，上帝也住在他裡面。（約翰一書四章十六節）

人是很有限的，上天卻是無限。感動上天的愛，就會讓奇蹟發生！

愛是永不止息。

哥林多前書十三章八節

祭壇上的枴杖

星期天，牧師在結束證道時，鼓勵大家捐助一項特別的傳教計畫。之後就是和往常一樣的奉獻時間。

但是這位牧師很沮喪，他發現，投入奉獻箱的金額實在很少，他剛剛那些鼓勵的話，似乎沒有多少人聽進去。

他注意到不少有能力付出的教友只是不斷地看錶，急著去忙別的事。

教堂最後一排坐著一位可憐的殘障女孩。一次車禍後，她跛了腳。若沒有人幫忙，她根本一步也走不了。一位好心的女士爲她訂做了一副拐杖，才讓她可以自由走動。

這個星期天，她第一次重回教堂。她想，能再聽一遍福音，眞是何等幸福！

當奉獻箱快經過女孩前面的時候，她很難過地自言自語：「我什麼也沒有，半毛錢也沒有。可是剛剛牧師說那個國外的傳教計畫，他們正等著我們的援助呢！我該怎麼辦？」

突然一個念頭閃過她心田，讓她顫慄起來。

「我的新枴杖或許可以賣一點錢。……可是，我不能沒有它們啊，我需要它們，它們是我的生命啊！」她掙扎著。

「是啊，是你的生命。」她心底有個聲音響起：「但是耶穌基督不也是把祂的生命給了你嗎？」

「如果你奉獻，非洲一些人就可以聽到主耶穌的福音了。哦！只要你肯！」那聲音說。

一道光芒閃過她的臉頰。

她在枴杖上親吻了一下，然後靜靜地等著，她的心還是緊張地砰砰跳。

當奉獻箱經過女孩的座位時，負責收奉獻的服務人員認得她，友善地跟她點點頭，就準備要轉向其他的教友。

但讓服務人員大吃一驚的是，女孩居然費盡力氣，要把拐杖放到奉獻箱上。

那人頓時明白了女孩的心意，一把接過枴杖，小心翼翼地放在奉獻箱上，慢慢地走過長長的走道，靜靜地將枴杖放在祭壇上。

看到這一幕，在場每個人都差點停止了呼吸。

大家都認得這女孩，都曉得她出車禍的事，也都明白她能再上教堂是多麼的不容易。

許多人眼眶充滿了淚水。

牧師深受感動，按手在這枴杖上莊嚴地用耶穌基督的話禱告說：「主啊！她把她一切養生的都投上了。她獻上了她的所有。」

這一幕深深激勵了大家。

汗水掠過銀行家的眉梢，他拿出手帕擦汗，也拿出了他的皮夾。

有錢的太太掏出了她的錢包。

富裕的商人附耳跟收奉獻的人說了句悄悄話，司獻把奉獻箱再次傳過來，經過一排又一排教友。

奉獻金如雨點般落下，大家才靜靜離開了教堂。

一位太太走向女孩，把她的枴杖還給她。

這位太太捐出了一百塊錢，贖回了這副拐杖。

女孩快樂地回家，拄著拐杖的腳步輕快，心中充滿感恩的喜樂。

朋友！這女孩獻上了她的所有，她獻的比眾人都多。上帝悅納這樣的奉獻，因為上帝不看外表，祂重視的是那顆願意的心。

聖經上說過一個故事：耶穌進到聖殿，看見有錢人把他們的奉獻投入奉獻箱內，又看見一個窮寡婦把兩文錢投入，耶穌卻認為這個窮寡婦比眾人投入的都多，因為眾人是拿他們多餘的來奉獻，而窮寡婦卻願意把養生的都給上。

朋友！你是用怎樣的心來奉獻？你的奉獻是否得蒙悅納呢？

耶穌說：我實在告訴你們，這窮寡婦所投的比眾人還多；因為眾人都是自己有餘，拿出來投在捐項裡，但這寡婦是自己不足，把他一切養生的都投上了。

路加福音廿一章四節

眞愛假愛

有一個很有錢的老人，妻子很早就過世，三個孩子長大成人便陸續出國進修，在國外成家立業。孩子不在身邊，老人一個人過日子，沒人陪伴。

三個孩子起初也接老人到國外居住，後來老人說住不慣，又回到原來的居所。三個孩子礙於自己均已成家，妻小都不願意返國照料老人，因此，老人還是孤伶伶的一個人。

老人有個鄰居，是個年輕人，平常沒有上班，做了幾次生意都沒成功，一副遊手好閒的樣子。但這年輕人跟老人很談得來，說是要跟老人學做股票投資，開口閉口稱老人爲「老師」，每天跟進跟出，隨侍在側。

其他鄰居都說：「這個年輕人，成天陪著老頭子進出證券號子，一定是爲了老頭子的錢。老頭千萬別給他騙去了！」

老人的三個孩子們也聽說了這件事，常從國外打電話回來，叮囑老父要小心：「您的錢可別被他騙走了。」

老人總是回答說：「我當然知道！我又不是傻子！」

這樣過了十多年。

老人死了，三個兒子都趕回來了。

當律師宣讀遺囑，那名年輕人也在場。

遺囑宣讀之後，老人家三個兒子的臉都綠了，老人居然眞的糊塗到把大半的財產都給了那個年輕人。

但是，他給兒子們留了一封信：

「我知道這年輕人可能貪圖我的錢，但是在我的晚年，眞正陪伴我的是他。就算你們嘴上說愛我、心上掛念我，但卻都沒有任何實際行動。這個年輕人卻跟了我十幾年，連一句怨言都沒有。就算對我的愛都是假的，但假裝久了，假的應該也算是眞的了！」

朋友！愛要有行動。沒有行動的愛不是真愛！

愛不是用嘴巴說說就算，愛要有行動表示。

聖經告訴我們，甜言蜜語是不夠的，真心相愛一定要誠實地做出行動來：「我們相愛，不要只在言語和舌頭上，總要在行為和誠實上。」（約翰一書三章十八節）

時間能夠分辨事情的真偽。到底是真愛還是假愛？到底是嘴上說說的愛，或是實際行動的愛？假愛在持續行動中會變成真愛，真愛若沒有持續行動，必然流於假。

時間，是最好的測謊機！

小子們哪，我們相愛，不要只在言語和舌頭上，總要在行為和誠實上。

約翰一書三章十八節

你叫什麼名字？

有一位神學院教授在教堂裡開了一門「牧養與關懷」的課。他教學生說：「並不是所有的人與生俱來就會關懷人的。尤其在忙忙碌碌的現代生活當中，關懷也是需要學習的。」他教學生如何照顧會眾的需要。

兩個月以後，教授例行舉行期中考試。題目有二十題，每題五分。學生們都很謹慎地作答。但答到最後一題時，題目居然是：「那位打掃教室的婦人叫什麼名字？」學生心想教授一定是在開玩笑，大家的確見過有一位婦人，她經常在學校作清潔打掃的工作。她胖胖的，大約五十多歲。學生們的確經常跟她寒喧說話，但就是沒有學生知道她叫什麼名字。大多數的學生都空下這題沒作答就交卷了。

下課前，有一名學生終於忍不住問教授說，這最後一題要不要算分數？

「當然要！」教授很肯定地回答。

他說：「在你們的生涯中將會遇到很多人，每個人在上帝眼裡都是非常寶貴的，都具有特殊的意義，你們都應該去關心和注意，即使只是點頭微笑或說聲哈囉而已。而且要知道，每個人都有被關懷的需求！」

「關懷的第一步，就是要先知道他的名字！」他說。

朋友！你叫得出周圍的人的名字嗎？你是否太忙碌而忽略了去關懷周圍的人？

上天把這些人放在你的周圍，必有祂的用意。或是激勵你成長，或是讓你付出照顧。

聖經鼓勵信徒學習耶穌的樣式，做個好牧人，料理周圍的羊群：「要詳細知道你羊群的景況，留心料理你的牛群。」（箴言廿七章廿三節）

關懷的第一步，就是要先知道他的名字。因為：「人在最小的事上忠心，在

大事上也忠心；在最小的事上不義，在大事上也不義。」（路加福音十六章十節）

叫得出清潔工的名字是件很小的事，但卻足以查驗你有沒有「忠心」地去付出關懷。

你要詳細知道你羊群的景況，留心料理你的牛群。

箴言廿七章廿三節

不能停課

紐約的冬天常有大風雪，雪花迎面而來，常常令人張不開眼睛，呼吸時甚至都會吞入冰冷的雪水。有時，前一天晚上天氣晴朗，第二天開窗戶才發現已經積雪盈尺，連門都推不開了。

遇到這樣的情況，公司行號會停止上班，學校也透過廣播宣佈停課，可是唯有公立小學，即使雪已堆積得令人舉步維艱，孩子們卻仍然要上學。

只見黃色校車在路邊接送小孩子，老師們則一大早就鼻子噴著白煙，忙著鏟除車子前後的積雪，小心翼翼地開車去學校。

據統計，十年來紐約的公立小學因爲超級暴風雪只停過七次課。

犯得著在大人都不須上班的時候讓孩子去學校嗎？小學老師也太倒楣了吧？

於是每逢大雪而小學不停課的時候，都有家長打電話到學校抱怨。

但每個打電話的家長反應都差不多：先是怒氣沖沖地責問，然後滿口道歉、最後笑容滿面地掛上電話。

因爲學校告訴家長：「紐約雖然有很多百萬富豪，但也有不少赤貧的家庭，他們白天開不起暖氣、供不起午餐，孩子的營養全靠學校的免費午餐（甚至多拿些回家當晚餐）。學校停一天課，窮人家的孩子就要多受一天凍、挨一天餓。所以老師們寧願自己吃苦，也不願意停課。」

也有家長說：「爲什麼不讓富裕的孩子留在家裡，貧窮的孩子去學校享受暖氣和營養午餐就好了呢？」

學校的答覆是：「我們不願讓那些貧窮的孩子感覺到他們是在接受救濟。因爲做好事有個很重要的原則，就是要保持對方的尊嚴。」

朋友！很多人以為做好事還不容易嗎？以為只要心存善念，就能行善。但是，如果行善的態度不對，不但效果打折扣，也不討上天喜悅。

古云：「不食嗟來食！」意思是若遇到頤指氣使的施捨，乾脆不要算了！如果施捨時傷了對方的尊嚴，施捨的意義就喪失了。

聖經也教人要有「為善不欲人知」的態度。耶穌說：「你施捨的時候，不要叫左手知道右手所作的。要叫你施捨的事行在暗中。」

上天喜悅我們施捨、行善、做好事，但要有正確的態度。

> 你施捨的時候，不要叫左手知道右手所作的。要叫你施捨的事行在暗中。
> 你父在暗中察看，必然報答你。
>
> 馬太福音六章三至四節

一元買奇蹟

五歲的女孩拍了拍搖籃裡一歲的小弟弟，學著媽媽說：「乖乖！別哭！」

小弟弟的身邊、床上，都是濃濃的藥味。爸媽告訴女孩：「弟弟病得很重。恐怕快沒救了！」

女孩握握小弟弟的小手。

小弟弟望著她，暫時停止了哭聲，眼睛裡滿是淚水。女孩憐愛地親親他。

女孩聽到父母在隔壁說話的聲音。

爸爸說：「開刀太貴了，我們付不起啊！最近的帳單我都付不出來了。」

媽媽說：「是啊！光是這半年的醫藥費就欠了好多沒還。現在只能靠奇蹟來救小弟弟了。」

女孩疑惑地想：「奇蹟是什麼？既然能救小弟弟，怎麼不趕快去買呢？」

她跑進房間，從存錢筒裡拿出僅有的一塊錢，她要去買一個來給小弟弟！

她不知道一塊錢夠不夠買一個奇蹟，她跪下來禱告：「親愛的天父，求你讓這個能救弟弟的奇蹟不要太貴，讓我可以趕快買下來救弟弟。阿門！」

禱告完，她立刻跑進對街的超市，收銀台前的隊伍排得很長，女孩跟著排隊。

輪到她了，收銀台的小姐問：「小妹妹，我能爲妳服務嗎？」

女孩說：「謝謝，我要買一個奇蹟。」

收銀台的小姐以爲是某個品牌的名稱，這品牌她從來沒聽過，於是再問一次說：「對不起，妳要買什麼？」

女孩重複地回答：「我要買一個奇蹟。我弟弟病得很重。」

收銀台的小姐聽得一頭霧水，回答說：「什麼？我們好像沒有賣奇蹟啊！」

女孩堅持地說：「我弟弟病得很重。我媽媽說奇蹟可以救他。我要買一個『奇蹟』回去救他！」

收銀台的小姐對小孩沒什麼經驗，於是對大家說：「誰能來幫一下這小孩？看她到底要買什麼。」

一個穿著體面的男士問女孩：「妳弟弟需要什麼樣的奇蹟呢？」

大家都轉過身來看這位男士，女孩鄭重地說：「我弟弟病得很重，我爸媽說開刀太貴了，只能靠奇蹟救弟弟。所以我要趕快來買那個奇蹟。」

那名男士問：「那妳有多少錢買呢？」

女孩揚揚手上的銅板說：「一塊錢。」

那名男士拿起一塊錢，說：「嗯！現在一個奇蹟大約需要這個價錢吧！走！我們去看看妳弟弟。也許我可以賣給你喔！」

女孩高興地在心裡感謝天父：「親愛的天父，謝謝祢聽我的禱告。奇蹟眞的不太貴耶，一塊錢就夠了。感謝天父！」

幾個星期後，女孩握著搖籃裡弟弟的小手。

她的父母正和那位穿著體面的男士交談。

原來這位男士是一位非常知名的心臟外科權威。

媽媽說：「大夫，謝謝您！謝謝您救了小弟弟的生命！」

爸爸說：「請您幫我們謝謝那位替我們付掉手術費的匿名善心人士。他一定花了一筆不少的錢吧！」

醫生說：「不多不多！我一定幫你們謝謝他！」

醫生心裡想：「真的不多！只花了一塊錢！」

朋友！小孩子的禱告往往比大人的禱告來得有果效，因為小孩子的心靈是單純、謙卑的；他們的信心是強的。

聖經上說：「凡你們禱告祈求的，無論是什麼，只要信是得著的，就必得著。」小孩子的禱告往往具有這樣單純且強烈的信心，所以能夠啓動奇蹟。

耶穌喜愛小孩子，他說：「你們若不回轉，變成小孩子的樣式，斷不得進天國。」（馬太福音十八章三節）

朋友！你回轉像小孩子了嗎？

所以我告訴你們，凡你們禱告祈求的，無論是什麼，只要信是得著的，就必得著。

馬可福音十一章廿四節

小提琴

有一天中午，一位著名的小提琴家駕車回家。剛進客廳門，就聽見樓上的臥室裡有輕微的聲響。他聽出是他那把心愛的小提琴所發出的聲音。

他立刻警覺到有小偷！

他一個箭步衝上樓，果然，一個少年正在那裡撫摸那把小提琴。

那少年頭髮蓬亂，臉龐瘦削，不合身的外套鼓鼓的，裡面好像塞了某些東西。小提琴家瞥見自己放在床頭的一雙新皮鞋失蹤了，看來這是個小偷無疑。

小提琴家用身軀擋住了少年逃跑的路，小偷的眼裡充滿了惶恐和絕望。

就在這時，小提琴家想起過去一段往事，憤怒的表情頓時被微笑所代替。

他問道：「你是藍先生的外甥羅賓嗎？我是他的管家。前兩天我聽藍先生說，他有一個住在鄉下的外甥要來，一定是你了。藍先生出去了，稍晚才會回來！」

聽見這話，少年先是一愣，但很快就接腔說：「我舅舅出門了嗎？我想我還是先出去轉轉，待會兒再來看他吧。」

少年正準備將小提琴放下，小提琴家問：「你很喜歡拉小提琴？」

「是的，但我很窮，買不起。」少年回答。

「那這把小提琴送給你吧。」小提琴家語氣平緩地說。

少年似乎不相信一個管家會擁有這樣的小提琴，他疑惑了一下，還是接過了小提琴。

臨出客廳時，他突然看見牆上掛著一張小提琴家在歌劇院演出的巨幅彩照，當下渾身不由自主地顫慄，然後頭也不回地跑遠了。

顯然少年已經明白怎麼回事了，因爲沒有哪位主人會將管家的照片掛在客廳牆上。

小提琴家想起他少年的時候，整天和一幫壞小子混在一起，學會了偷竊。

有天下午，他看見一幢公寓某戶人家的主人駕車出去了，於是從一棵大樹上翻身爬進這戶人家偷竊。

當他潛入臥室時，突然發現有一個和他年紀相當的女孩半躺在床上，他愣住了。

那個女孩看見他，起先非常驚恐，但很快就鎮定下來，微笑著問他說：「你是找五樓的麥克勞先生嗎？」他一時不知說什麼，只能下意識地點點頭。

「這是四樓，你走錯了。」女孩的笑容甜甜的。

他正要趁機溜出門，那位女孩又說：「你能陪我坐一會兒嗎？我病了，每天躺在床上非常寂寞，我很希望有個人跟我聊聊天。」

他坐了下來。那天下午，兩人聊得非常開心。

最後在他準備告辭時，女孩拉了一首小提琴曲給他聽，看見他很喜歡，索性將那把小提琴送給了他。

他懷著複雜的心情走出公寓，無意中回頭，發現那幢公寓竟然只有四層樓，根本就沒有五樓，也不會有什麼麥克勞先生！

也就是說，那位女孩其實早就知道他是小偷。所以善待他，是想維護他的自尊！

後來他再去找那位女孩，女孩的父親卻悲傷地告訴他，女孩因骨癌已經病逝了。

他在墓園裡見到了女孩青色的石碑，上面鐫刻著一首小詩，其中有一句是：「把愛獻給這個世界，所以我快樂！」

小提琴家一直鍾愛著那把小提琴，直到那天遇見了少年小偷，並把小提琴轉送給他。

五年後，在一場全國青年音樂競技賽中，小提琴家應邀擔任決賽評委。最後，一個名叫羅德的小提琴選手以優異的表現獲奪得了第一名。

評審時，小提琴家一直覺得羅德似曾相識，但又想不起在哪裡見過。

頒獎大會結束後，羅德拿著一隻小提琴匣子跑到小提琴家的面前，臉色緋紅地問：「您還認識我嗎？」

小提琴家搖搖頭。

「您曾經送過我一把小提琴，我到今天一直珍藏著它！」羅德說。

「那時候，幾乎每個人都把我當成垃圾，我也以爲我徹底完蛋了，但是您讓我在貧窮和苦難中重新拾起自尊。」羅德感激地說：「是您！讓我心中再次燃起了改變逆境的熊熊烈火！」

他走上前緊緊地摟住了小提琴家。

五年前的那一幕頓時重現在小提琴家的眼前，原來他就是「藍先生的外甥羅賓」！

小提琴家於是把女孩的故事告訴了羅德。

「這把琴是一位逝去的女孩子的，她把愛獻給這世界，所以她快樂地逝去！」小提琴家說：「我彷彿又聽見女孩拉的那首淒美的小提琴曲，還有她青色的墓碑。她的愛曾經震撼了我當時迷途少年的心弦，徹底改變了我的生命！」

「不！不只是你的生命，還有我的生命！她改變了你，你改變了我，我相信這把小提琴還會改變許多人的生命！」羅德發願地說。

朋友！愛的力量何其偉大！愛能旋乾轉坤，愛能改變生命！

聖經上說：「愛能遮掩許多的罪。」愛能融化一切衝突！

整本聖經最重要的就在闡述「愛」。耶穌給信徒的誡命只有兩點：一是要愛上帝；二是要愛人。愛上帝可以創造一個「天人和諧」的境界，愛人可以挽救迷失的生命。

「如今常存的有信，有望，有愛這三樣，其中最大的是愛。」（哥林多前書十三章十三節）

朋友！把愛散佈出去，生命即使短暫，卻能發出撼動人心的不朽價值。

最要緊的是彼此切實相愛，因為愛能遮掩許多的罪。

彼得前書四章八節

五十七分錢的奉獻

有個小女孩站在一個小教堂前，人太多了，她擠不進去。

牧師經過，她沮喪地跟牧師說：「我沒辦法去上兒童主日學！」

牧師看著她髒髒的外表，也猜得出是什麼原因。於是牽起她的手，帶她進去，在兒童主日學找了個位子，讓她坐下。

小女孩十分感動，當晚就爲那些沒有位子的小朋友禱告。

兩年後，小女孩在附近的貧民窟過世，她的父母請這位牧師安排她的葬禮。就在搬動她的小遺體的時候，從她身上掉下來一個小小髒髒翻爛了的包包。裡面有五十七分錢跟一張小字條。

字條上是小女孩仍然很孩子氣的字跡：「這些錢要幫小教堂蓋大一點，讓更多小朋友可以上兒童主日學。」

兩年來，小女孩存了五十七分錢，準備要奉獻。

牧師含著淚宣讀了這個字條上的內容，並在喪禮中敘述小女孩無私的奉獻。

牧師決定向他所屬的教區申請經費，擴建這間小教堂，以完成小女孩的遺願。

有一家報紙登出了這個故事。

一名讀者立刻提供了他一塊價值上千元的土地給教堂。教堂告訴他說他們沒這麼多錢，但這名地主卻說：「我只收五十七分錢！」

教堂的會員們也努力去募捐湊錢，支票從各地湧至。五年後，小女孩的建堂基金已經增加到二十五萬元。

大家都說這是小女孩五十七分錢的奉獻所衍生的利息！

現在在費城市中心，你可以看到這所播道會的教堂，有三千三百個座位，其附屬大學，有幾百名神學生在接受神學裝備。兒童主日學及撒瑪利亞醫院也不會漏掉任何想進來的小孩。

這棟大建築的一角，掛著小女孩甜美的的照片，旁邊就是寫下小女孩故事的作者——康威爾牧師。

朋友！小女孩的愛心感動許多人，讓她結出美麗的果子！

聖經上對犧牲給予很崇高的肯定：「一粒麥子不落在地裡死了，仍舊是一粒，若是死了，就結出許多子粒來。」耶穌的犧牲正是整本聖經所揭櫫最崇高的價值。

小女孩愛的犧牲，換來更多孩子的幸福，也帶來世人對她永遠的懷念，更重要的是能獲得上帝的喜悅與肯定。犧牲的崇高價值正在於此。

小女孩在世上的生命雖死，但在天國的生命卻已永恆！

我實實在在的告訴你們，一粒麥子不落在地裡死了，仍舊是一粒，若是死了，就結出許多子粒來。

約翰福音十二章廿四節

Part 7

小孩子才知道的祕密

小孩子的信心出自於愛，
非常單純，沒有任何條件。

奇蹟從信心而來

有一群基督徒在山腳邊蓋了一間教堂，在正式啓用的十天前，市政府的驗勘人員通知牧師說：「停車位蓋得不夠，必須再增加一倍。而且沒蓋好前不得啓用新建築物。」

這間教堂已經用盡了所有的平地，如果還要加蓋車位，勢必得移開旁邊的山丘。

牧師在星期天早上聚會時，做了以上的宣布。

他預備在這幾天每天的傍晚，都舉行禱告會，專門爲這件事祈禱。他徵求所有具有「移山信心」的弟兄姊妹們參加。

他要向上帝祈禱，求上帝爲他們移山。並爲他們準備足夠的費用舖蓋土地，以便增建停車場，讓教堂能在預定的下星期啓用。

三百名會員中有二十四位弟兄姊妹參加了禱告會。

經過了三小時的禱告，牧師在結束時宣布說：「我們預備下星期如期啓用新教堂。上帝從來沒有讓我們失望，這次也是一樣。」

隔天早上，有一位工程人員急促地來敲牧師的門，說：「我們是艾肯營造公司，正在隔壁的鎮上蓋一座購物中心。我們需要一些塡土，你們願意把教堂旁邊小山丘的土賣給我們嗎？」

他接著又說：「因爲時間緊迫，如果你們肯讓我們即刻動工，我們願意在買土的錢以外，免費替你們鋪好空地。」

牧師在下午的禱告會中感謝上帝，並對會友們說：「瞧！我們的上帝多麼信實！」

整個教會都投入準備下一個星期天的啓用典禮了。參加下午「移山信心」禱告會的弟兄姊妹比上第一天更多了。

小教堂的人說：「別人總以爲信心是從奇蹟而來。但我們可以見證，奇蹟是從信心而來！」

朋友！一般人眼見為憑，看到奇蹟才願意相信。奇蹟越多，信心越強。然而，這卻不是聖經的道理。聖經的道理是：信心越強，奇蹟越多。上帝並不希望我們看到奇蹟才信，而希望我們憑著宇宙的浩瀚及天體的運行就信。「那沒有看見就信的，有福了！」（約翰福音廿章廿九節）

你相信天道嗎？你相信天行健嗎？信的人有福了！因為上帝用格外的恩典與奇蹟來回饋信的人。

有信心的人能夠心想事成，因為得之天助。「信是所望之事的實底，是未見之事的確據。」（希伯來書十一章一節）還沒有看到就相信，正是信心的極致。

信心是奇蹟之母，奇蹟是從信心而來。上帝正是用奇蹟來回應人類的信心。

耶穌說：「我實在告訴你們，你們若有信心像一粒芥菜種，就是對這座山說，你從這邊挪到那邊，它也必挪去．並且你們沒有一件不能作的事。」

馬太福音十七章二十節

爸爸！接住我！

有一個專門挖井的工人，手臂強壯。他也是一個好爸爸，有一個五歲大的小女兒。他非常鍾愛這個女兒。

小女兒跟爸爸很親，在她心目中，爸爸好強壯好偉大，什麼事他都會。她也非常愛她的爸爸。

有一天，媽媽要小女兒爲爸爸送中飯便當去工地，小女兒高高興興的上路了。

到了工地，她往井裡一看，黑漆漆的，什麼也看不見，根本看不見有爸爸的影子。但是井裡的爸爸卻看得見她，也聽得到她的聲音。

小女兒靠近井旁，跪著探頭向井裡喊著：「爸爸！爸爸！你在這個洞下面嗎？」

爸爸回答她：「是的！寶貝！我在這裡，就在你腳下呢！你把便當丟下來，我可以接得到！」

小女兒依言把便當丟下去，她看到便當掉進看不見的一片漆黑中。

爸爸說：「今天的便當好多，夠我們兩個人吃呢！你跳下來這裡，我們兩個一起吃吧！這裡好涼快，不像上面好熱喔！」

「可是我怕怕啊，爸比！你確定一定會把我接住嗎？」小女兒猶豫了一秒鐘。

但她立刻就決定聽從爸爸的話跳下去。

她說：「爸比！我來囉！接住喔！不能讓我摔跤喔！」她閉起眼睛往黑暗的深洞跳下去。她相信她爸爸接得住她。

果然，她們兩人在清涼的井底享用了一頓快樂的午餐。

朋友！你對天父的信心是否能像這小女孩一樣單純而完全呢？

上帝早已準備好豐盛的恩典，正等你憑「完全」的信心去取！

小孩子的信心出自於「愛」，非常單純，沒有任何條件。

長大以後，接觸世俗的雜質，受到自我經驗與人間知識的影響，人們為信心加上了許多條件。於是，信心被污染了，不再純粹，不再完全。

沒有「完全」的信心，就擷取不到上天「完全」的恩典。

聖經裡描述，彼得因相信耶穌說：「你來吧！」就專心定睛在耶穌身上。那一刻，他的信心很完全，故能行走在水面上。但是當他意識到他是個人，以他世俗的經驗，人是不能行在水面上的，於是他的信心開始動搖。信心一不完全，他就開始下沉。

想要重拾孩提時純粹而完全的信心，唯有日日操練，明心見性。將世俗的雜質去盡，才能反璞歸真。

耶穌在海面上走。……彼得說：「主！如果是你，請叫我從水面上走到你那裡去。」
耶穌說：「你來吧！」彼得就從船上下去，在水面上走，要到耶穌那裡去。
只因見風甚大，就害怕，將要沉下去，便喊著說：「主啊！救我！」
耶穌趕緊伸手拉住他，說：「你這小信的人哪！為甚麼疑惑呢？」

馬太福音十四章十五、廿八至卅一節

大一點的鍋子

有兩個人一起去釣魚。

一個是有經驗的老手，另一個卻是沒經驗的新手。

每次當有經驗的老手釣到一條大魚的時候，他總是把釣到的魚放進帶來的冰桶裡，以保持新鮮。

但是另一個沒經驗的新手，每釣到一條大魚，都是把魚再丟回海裡，只留一些小一點的魚，準備帶回家烹煮。

這位有經驗的老手在一旁看了大半天，大惑不解。

他問這位新手：「人家都巴不得釣到大一點的魚，你怎麼好不容易釣到，卻又把它們丟回去呢？」

「我看你也留了一些小魚要帶回去，但卻把大魚丟了，你不覺得這樣很浪費嗎？」他的臉上充滿了疑惑不解。

這位沒經驗的新手覺得很不好意思。搔搔頭，無奈地回答說：「因爲我家裡的鍋子就這麼大，只能煮小魚。」

「要是大一點的魚，我就無福享用啊！」他對這件事也很悵然。

有經驗的老手聽了啼笑皆非，忍不住叫了出來：「笨哪！你怎麼不曉得去買一口大一點的鍋子呢？」

朋友！我們是不是也常像這位沒經驗的新手，笨得把上天賞賜給我們的大福份、大禮物、大機會、大夢想、大事工都丟回去了呢？白白浪費了上天的恩典！

我們是不是也該準備大一點的鍋子，好迎接上天給我們的大恩典呢？

聖經說：「我們用什麼量器量給人，上帝就用什麼量器量給我們。」

我們願意付出的越多，上帝賞給我們的也越多。

量器的大小也代表了我們信心的大小。信心越大的人，準備的鍋子也越大。因為他相信這個道理。

要接得住大賞賜，就要有裝得下的大容器。我們豈能一方面冀望大恩典，一方面卻不去準備大一點的鍋子呢？

你們要給人，就必有給你們的。並且用十足的升斗，連搖帶按，上尖下流的倒在你們懷裡。因為你們用甚麼量器量給人，也必用甚麼量器量給你們。

路加福音六章卅八節

你願坐在我肩上嗎？

一九〇〇年代初期，歐洲有一位著名的高空鋼索家班迪尼到美國去表演。他要橫過尼加拉瓜大瀑布，從加拿大的這一頭走鋼索過到美國的那一頭。距離長，風向難掌握，而且鋼索橫吊過瀑布，瀑布的水花會使得鋼索又濕又滑，困難度眞的很高。

所有的報紙刊載了這則消息，舉世轟動。

表演當天，幾萬名觀眾聚集在瀑布的兩邊觀看，群情沸騰。

班迪尼拿起平衡桿，觀眾們摒住氣息看著他跨出了第一步。

走到一半。突然一陣風吹來，吹得鋼索搖搖晃晃。底下沒有保護網，只有冰冷的激流和岩石。班迪尼穩住自己，繼續前進。氣氛非常緊張。

這時，從觀眾席裡傳出加油的聲音，頓時，所有觀眾齊聲喊著：「班迪尼！班迪尼！」

班迪尼受到極大的鼓舞，挺直他的背，繼續走到了美國的那一頭。

觀眾歡呼的聲音蓋過了瀑布隆隆的水聲。班迪尼走到台上，對大家說：「謝謝大家！你們眞是一群最好的觀眾。我準備再爲你們走鋼索回加拿大那一頭。」

觀眾一聽，歡呼喊叫聲更大了，簡直瘋狂！

班迪尼問：「你們相信我能走得回去嗎？」

觀眾歡呼道：「相信！」

他再問一遍：「你們眞的相信我走得過去嗎？」

觀眾回應以更大的歡呼：「班迪尼！相信！班迪尼！相信！」喊聲持續熱烈而不斷。

班迪尼再問第三遍：「你們千眞萬確地相信我走得過去嗎？」鼓掌歡呼的聲音已震耳欲聾！

班迪尼於是走動著，看過一張張熱切的臉。他問道：「那麼，有誰願意坐在我肩上一起過去呢？」

熱切的觀眾們嚇了一跳，頓時安靜下來。班迪尼提高聲音再問一遍，仍然沒有人回答。冷清的反應和剛才的熱烈成了極諷刺的對比。

班迪尼一遍又一遍向觀眾挑戰，仍然沒有人回應。

最後，有一名瘦小的觀眾擠到前面說：「我願意！」

大家面面相覷，靜靜地看著他倆跨上鋼索，走進霧中，走向風裡，走在又濕又滑的鋼索上。．

當然，他們順利地回到加拿大的那一頭。接受了更大更熱烈的歡呼。

朋友！如果今天上帝站在我門面前問：「有誰願意坐在我肩上一起橫過瀑布呢？」你願意嗎？你敢不敢呢？

你可能會說，與上帝同行，再安全不過了，怎麼會不敢呢？

那你會是那位與上帝一起走進霧中、走入風裡、走在又濕又滑的鋼索上的那個人嗎？還是，你只是那些站在兩邊鼓掌歡呼、大叫說：「我相信！」但卻沒有實際行動的觀眾呢？

聖經告訴我們：「信心沒有行為是死的。」光嘴上說相信是不夠的，真正的相信必須有行為來佐證。信心是否充足，看行為就知道。

你的行為能不能反映你的信心呢？

身體沒有靈魂是死的，信心沒有行為也是死的。

雅各書二章廿六節

甲板上的橘子

有一名年輕人坐船旅行，偶然聽到船上牧師在主持禮拜。那天牧師講道說：「我們的上帝是垂聽禱告的上帝！」

但這名年輕人一點兒也不信地走開。他嘀咕著說：「有本事就做給我看！」

那天下午，這名年輕人到甲板上去逛，離開房間前拿了兩個橘子放在口袋。甲板上，他看到一名老太太正躺在躺椅上呼呼大睡，兩隻手攤在躺椅外面，差點擋住過道。

這名年輕人一時興起，開個玩笑，把口袋裡兩個橘子拿出來，放在老太太的手掌裡，一手一個，然後就走開了。

不久，年輕人又逛回甲板上，看到那位老太太正一片一片剝著橘子吃，眉開眼笑。

他於是跟她搭訕：「妳好像很開心啊！？」

「是啊！」老太太回答，「你瞧上帝對我多好！」

「唔……怎麼說呢？」年輕人問。

「我因爲暈船暈得很不舒服，到躺椅上休息。我向上帝禱告，希望能有個橘子吃吃，或許會好一些。」老太太說。

「我禱告著不知不覺就睡著了。當我醒來，天父卻已經垂聽我的禱告，送了橘子來給我，還不只是一個，是兩個呢！」老太太高興地指給年輕人看。

年輕人想起早上牧師的講道：「我們的上帝是垂聽禱告的上帝！」

「啊！可是那是我給妳的啊，是我剛剛放在你手上的呀！」年輕人不服氣地說。

老太太聽了，慈祥地回答他說：「孩子！上帝會讓萬事互相效力，讓愛祂的人得益處。如果你相信上帝，上帝就會垂聽你的禱告！」

「你就是被上帝差遣來完成祂的旨意啊！」老太太解釋。

年輕人想起他早上的嘀咕，這豈不正是上帝讓老太太做見證給他看嗎？他決志信了。

朋友！信心的力量很大。只要在天道裡祈求，確信不疑，禱告必蒙垂聽，祈求必然得著！聖經做了清楚的應許：「你們禱告，無論求甚麼，只要信，就必得著。」（馬太福音廿一章廿二節）

那麼，上帝是如何讓這些看起來像奇蹟的事發生的呢？

許多人以為上帝行使奇蹟，如同是上演的震撼片，天地震動、閃電霹靂、風雲變色；其實不然。

上帝常藉著讓萬事互相效力來行使奇蹟。

當祂垂聽禱告並應允禱告的時候，就會派遣某些人或事去完成祂的旨意，或許那些受差遣的人自己也不明白，但上帝的旨意已然達成。這就是奇蹟。人們會驚嘆說：「啊！真是天意！」

我們曉得萬事都互相效力，叫愛上帝的人得益處。

羅馬書八章廿八節

還沒回家

有一對老宣教士夫婦，在非洲傳教多年之後，年屆退休返回紐約。他們沒有退休金，多年在非洲的生活又將健康弄壞了，他們心中充滿失敗、沮喪、跟害怕！

他們返鄉被安排跟羅斯福總統坐同一艘輪船。總統正從他的非洲打獵之旅返國。沒有人注意到這對老宣教士夫婦，大家只注意羅斯福總統的探險團隊，所有船上的旅客都想目睹這位大人物。

當輪船行經海洋途中，老宣教士跟他妻子說：「很不對呀！爲什麼我們犧牲自己，在非洲這麼多年，忠誠地事奉上帝，到頭來卻落得沒有人管我們，也沒有半點獎賞？」

「而這個人，只是去打獵，上帝卻讓那麼多人歡迎他？眞是太不公平了！」老宣教士抱怨著。

當輪船泊靠紐約港的時候，有樂隊等著迎接羅斯福總統，市長及許多要人都親自來迎接，報紙大幅刊登羅斯福總統抵達的消息。但是沒有人注意這對老宣教士夫婦。

老宣教士夫婦下了船，找到一間便宜的公寓住下，希望隔天能發現一些在紐約市生存下去的方法。

那天晚上，老宣教士覺得要崩潰了，跟妻子抱怨：「我忍不下去了，神對我們太不公平了！」

他的妻子說：「那你進房間去禱告，直接跟上帝說啊！」於是他進去禱告。

當他出來，老宣教士臉上泛著光芒、非常喜樂的樣子。

他的妻子問他說：「怎麼啦？上帝跟你說什麼呢？讓你這麼高興？」

老宣教士說：「上帝幫我解決了我心理的不平。」

「當我抱怨說總統回來就有盛大的歡迎，而我們回家卻沒人理會時，上帝拍拍我的肩，說：『因爲你還沒有回家啊！』。」

「上帝告訴我，我的賞賜在我回天家的時候就會看到了！」老宣教士很滿足地說。

朋友！天地者，萬物之逆旅。光陰者，百代之過客。我們活在這世上，原是短暫寄居，天國的世界方是永恆。

等到回天家的候，面對審判主，我們才能知道自己最終獲得的獎賞是什麼。

聖經說：「到那時，有公義的冠冕為我存留。」（提摩太後書四章八節）又說：「他們不過是要得能壞的冠冕，我們卻是要得不能壞的冠冕。」（哥林多前書九章廿五節）

許多人拼命追求今生的榮華富貴，當做生命最終的目標，殊不知這世上肉眼能見的富貴都是會朽壞的，在蓋棺入土的時候，一樣也帶不走。

唯有天國的富貴才是不朽的，才值得追求。

有公義的冠冕為我存留，就是按著公義審判的主到了那日要賜給我的。

提摩太後書四章八節

加油站的老闆

有一位傳教士到外地去講道。講完道準備回家，他身上所剩的錢不多了，只有一些剛剛講道時人家給他的愛心奉獻。

他曉得，如果他做什一奉獻，把講道所得的十分之一捐出去，那他回程的旅費就可能就不夠了。但他仍然拿出十分之一，快快樂樂地捐給上帝，然後準備開車上路。

他知道車子很快就會沒有油了。他不住禱告，求上帝供應。

他一直開車開到快沒油了，在確定油箱只剩最後一點油時，他開進了加油站。

他下了車。數著口袋裡僅剩的一些銅板，要求加油站老闆賣一點油給他。

加油站老闆將加油管插入這名傳教士的油箱，就幫他擦起車窗玻璃來，從窗玻璃可以看到車子的前座有一本聖經躺在那兒。

加油管不斷地將汽油注入傳教士的油箱內。傳教士開始緊張起來，說：「我看該停了，我眞的只有這點錢，多了我沒錢付啊！」

「嗯！好！」加油站老闆回答他，但並沒有去把加油管停掉，直到油箱滿了。他領傳教士進到站內。他從一個高架子上拿出一個舊的便當盒，問說：「你不會這麼巧就是個傳教士吧？」

傳教士點點頭承認，並跟他說明爲什麼他不夠錢。

加油站老闆接著說：「我也在想你可能就是位傳教士！我看到你車內有本聖經。我是個基督徒，但我們這附近並沒有個好教會，所以我只好把什一奉獻的錢先放在這裡。這是屬於上帝的錢，我祈求祂讓我知道該捐到哪裡去。你瞧！上帝眞的回應了我的禱告，把你帶過來了。」

說著，他將便當盒裡的一把鈔票塞進傳教士的手中。「這些應該夠你順利回家了！」

朋友！聖經給基督徒許多誡命，其中一項就是「什一奉獻」。亦即應將所得的十分之一捐給上帝。

聖經也在瑪拉基書三章十節做了再清楚不過的應許，只要遵守這項誡命，就能獲得上天無窮的賜福。聖經在這裡以上帝的口吻強調：「你們可以試試看我是不是講真的！」聖經從來不允許基督徒「試試」上帝，只有在這裡唯一一次破例。

有許多見證都證明聖經這句話是信實的。願意相信並切實實行的人會發現，捐出十分之一之後，收入卻無形中增加了許多。

你若能憑信心做「什一奉獻」，必有從天而降的福氣臨到。要不要試試看呢？

萬軍之耶和華說：你們要將當納的十分之一，全然送入倉庫，使我家有糧。以此試試我，是否為你們敞開天上的窗戶，傾福與你們，甚至無處可容。

瑪拉基書三章十節

孤兒院的供應

有一位極有愛心的女傳教士，在一次收容了一名可憐的孤兒之後，受上帝的感召，排除萬難，在小鎮上成立了一家孤兒院。

起初，當地的居民並不看好這家孤兒院，他們對女傳教士說：「院長！我們小鎮人口太少了，又都是做小生意的，靠大家的捐款是養不活這群孩子的！」

沒想到，孤兒院成立之後，來自外地的捐款蜂擁而至，於是女院長帶領所有院童做感謝禱告：「上帝哪！祢眞是供應的上帝！」當地居民也見證了上帝的供應。

有一年經濟不景氣，百業蕭條，各地的捐款很遲緩，孤兒院也面臨從所未有的存續危機。

有一天，孤兒院用光了最後一文錢，眼看著廚房裡一點東西都沒有了，女傳教士帶著禱告入睡，她也不知道明天早上要給孩子吃什麼。

隔天早餐的時間到了，她還是按往常一樣，聚集所有院童到餐桌前。平常擺著牛奶麵包的桌上現在空空如也。女院長還是決定帶大家一起做謝飯禱告：「上帝哪！祢是供應的上帝！感謝你將日用的飲食賜給我們！」

這時，門鈴聲響起。是麵包店送來一大堆麵包。送麵包的說：「你們隔巷的那家旅館訂了一大堆麵包，可是臨時旅客沒有來，這麼多麵包吃不完，他們要轉送給孤兒院。」

接著，一個送牛奶的人也來按門鈴，帶了許多罐鮮奶來，說：「請孤兒院幫忙消化這些牛奶吧！我的牛奶運送車在你們巷口拋錨了，一下子是修不好的。如果等我車子修好，這些牛奶也早就壞了。」

女院長再度帶領所有院童感謝禱告：「上帝哪！祢真是供應一切的上帝！」

朋友！你相信嗎？對上帝有信心的人，他所需的一切都必得供應。包括日常生活的飲食在內。

聖經中充滿了這樣的應許：「我們日用的飲食，今日賜給我們。」（馬太福音六章十一節）：說：「我的上帝必照他榮耀的豐富，在基督耶穌裡，使你們一切所需用的都充足。」（腓立比書四章十九節）並保證說：「你們要先求祂的國、和祂的義，這些東西都要加給你們了。」

但是，這樣的應許並不是針對一般人都有效，這些應許只對有信心的人有效。這可以解釋為什麼奇蹟總是發生在傳道人身上，並不常發生在一般人身上。因為，傳道人的信心夠大，且他們已先求上帝的國與上帝的義。上帝回應的是人類的信心。信心越大，奇蹟越顯明。憑信心禱告祈求，就必得著。

你們要先求祂的國、和祂的義，這些東西都要加給你們了。

馬太福音六章卅三節

會說話的洋娃娃

有個六歲的小女孩，她外婆答應要給她一個會說話的洋娃娃。

可是等了許多日子，洋娃娃都沒有送來。外婆也不再提起，好像忘了這件事。

可是每當小女孩的朋友到家裡來玩的時候，小女孩總是展示家裡已經有的五個洋娃娃給朋友看，而且都會再加一句說：「我還有一個會說話的洋娃娃。」

有一次，小女孩在跟隔壁小朋友玩耍。小女孩扳著手指頭跟鄰居的小朋友說：「一、二、三、四、五，哦！我有六個洋娃娃！你有幾個？」

媽媽聽到了，就問小女孩：「外婆並沒有眞的送妳那個會說話的洋娃娃，妳怎麼總是說你已經有了呢？」

小女孩很詫異地跟媽媽說：「外婆答應要給我，就等於我已經有了呀！」

幾個月過去，外婆還是沒有送她那個會說話的洋娃娃。

媽媽問小女孩：「妳想外婆是不是忘記要買洋娃娃給妳的事了？」

小女孩篤定地回答說：「不會的，外婆從來不會忘記的。」她說話的臉龐充滿了對外婆的信任。

有一天，外婆到家裡來，並沒有帶洋娃娃來。小女孩也沒有想到要問。一會兒，小女孩跟小朋友通電話，她說：「一、二、三、四、五，哦！我有六個洋娃娃！有一個是我外婆給我的，會說話的喲！」

說到這裡，她突然想到，放下電話，就跑去親外婆，說：「謝謝外婆！謝謝外婆！我好喜歡妳給我的那個會說話的洋娃娃喲！」

外婆摟著她說：「小丫頭，妳怎麼知道我找到了那個非常棒的洋娃娃呢？」「外婆上次到香港，沒買著。後來在曼谷，有個不錯的洋娃娃，可惜不會說話。那天我日本的朋友告訴我說東京有看到這種洋娃娃，外婆正準備下星期去東京的時候就把它買回來給妳呢！」外婆說。

果眞，兩星期後，小女孩家裡躺著六個洋娃娃，有一個就是那個東京買回來的會說話的洋娃娃。

朋友！小女孩始終相信她會得著那個會說話的洋娃娃。因為她的深信不疑，甚至事先感謝，她的信心終成事實。

聖經告訴我們，在無可指望的時候，因「信」，就仍有指望。而且這個指望必不落空。（羅馬書四章十八節）

許多人要等看到上帝的恩典才說感謝，但懂得先感謝的人，他的信心是大的。信心大的人，其指望就必得著。

凡你們禱告祈求的，無論是甚麼，只要信是得著的，就必得著。

馬可福音十一章廿四節

韓婆婆與耶和華以勒

韓婆婆是美國賓州大學的生理學博士及教授，因受上帝的感召參加內地會當傳教士，在台灣傳福音二十七年之久（一九五二年到一九七八年）。

有一年，韓婆婆負責籌辦台中兩個學生的夏令會。一個是第二屆全國大專夏令會，有約兩百個大專學生要參加。另一個是思恩堂的青年夏令會，也有約一百五十名中學生要參加。這在當時都算是很大型的營會。

籌備工作受到上帝的祝福，但也遭到撒旦無情的攻擊。

在夏令會前兩星期的週末，韓婆婆收到一些奉獻款。而且提供她薪水的內地會秘書因為要休假，先預付韓婆婆她三個月的薪水。然而這些錢，都在那個晚上失竊了。

韓婆婆發現，她不但無法支付夏令會的籌備費，連自己的三餐都沒有著落。

韓婆婆迫切禱告，她用信心支取上帝的大能，來戰勝撒但的攻擊。

她斥責那惡者說：「撒但，退去吧！在我裡面的比在這世界的大！」（註）但是她失竊之後幾天，韓婆婆就必須付夏令會買米的錢了，那需要一千元。但是她口袋裡只剩下十元。

她跪下禱告：「主啊！你是那位以五餅二魚讓五千人吃飽的主。這十元是我所有的一切，求你餵養夏令營一百五十個青年十天的需要。」

「如果是你的旨意，求你將你的供應顯明給籌備夏令營的年輕同工們看，讓他們見證你是耶和華以勒的上帝。」

那天，她接到香港宣教士朋友發來的電報，她帶著四個孩子到台灣度假，要約韓婆婆吃飯。

韓婆婆正思考著要拿什麼招待她們吃飯，這時又收到這位朋友發來的第二封電報，說：「請妳先代訂上次那家餐廳，我們請客。」

正當她們享用豐盛的午餐的時候，這位香港宣教士拿出一個袋子，對韓婆婆說：「我們要回香港了，這些台幣我們用不到了，請妳留著吧！」

韓婆婆打開袋子，正好是一千元。

上帝爲夏令營所需的米，準備了這一千元。眞是哈利路亞！

隔天是主日，韓婆婆正在考慮要不要把最後這十元奉獻出去，還是要留著買米糧。

最後在主日崇拜時，她還是決定奉獻出去。這時，她眞的是沒剩半毛錢了。家裡的水電費和三餐飲食，都不知何處去尋覓。

主日崇拜結束，一對初信主的夫婦跑來跟韓婆婆說：「早上我們禱告的時候，上帝告訴我們說妳有需要。這個信封袋請妳不要拒絕。」

他們遞給韓婆婆一個信封袋。

又有一位老姊妹，也過來塞給韓婆婆一個信封袋，轉身就走了。

韓婆婆回家數了數，共兩百五十元，夠付家裡的水電費了。眞是感謝主！

那天下午，一位學校老師剛領了政府配給的米，因丈夫最近不在家，吃不了那麼多，所以送了二十公斤的米過來。

又有一位老婆婆過八十歲生日，家中開宴會，特別差了孫子把各樣菜色都送了一份來給韓婆婆。

上帝的供應眞是無比的豐盛啊！

隔了幾天，韓婆婆又必須付夏令會的一些費用了。她答應同工們說：「今天晚上就付。」

雖然她還不知道錢在哪裡。但是她已信心十足，知道上帝會供應一切。

果然她下午去拿信，收到一封美國國稅局的來信。她心想：「我離開美國十年了，難不成要補繳稅款嗎？」

打開信封一看，不可思議地，裡面附著一張幾百元美金的支票。

原來她十年前離開美國的時候，報交的稅款經國稅局核定可以退稅。這筆退稅款居然旅行了多年，在韓婆婆最需要的時候到達她的手裡。

在夏令會裡，韓婆婆帶領了三十位青年決志，另有十五位奉獻一生服事。

韓婆婆堅定地說：「我們的上帝是耶和華以勒的上帝，祂的供應絕不落空！」

朋友！韓婆婆的真人真事曾經感動了許多人，她真實地見證了上帝奇妙的供應。也因此帶領了許多人信主。

聖經上說：「總要效法那些憑信心和忍耐承受應許的人。」（希伯來書六章十二節）

韓婆婆的信心，正是我們學習的榜樣。

亞伯拉罕給那地方起名叫耶和華以勒，意思就是耶和華必豫備。直到今日，人還說，在耶和華的山上必有豫備。

創世紀廿二章十四節

註：此語出自聖經新約約翰一書四章四節：「你們是屬上帝的，並且勝了他們。因爲那在你們裡面的，比那在世界上的更大。」

體貼的巧克力

韓婆婆曾遭失竊，使她連生活都發生困難。

有一天，韓婆婆的老友要回美國去，大家希望韓婆婆也能到台北爲她送行。大家不知道韓婆婆連來往台北的旅費也付不起。

韓婆婆心想：「我皮包裡只剩下三元，說什麼也不可能上台北。」

沒想到，一位朋友當晚就幫她準備了來回台北的火車票。她領小組聚會回家時，車票已經躺在餐桌上了。

但是韓婆婆又想：「從家裡到台中火車站，走路可以到。但是台北火車站到飛機場，三元怎麼能到呢？」她一邊走，一邊把這些需要藉著禱告全部交託給上帝。

果然，在台北火車站，一位男士走過來，問說：「妳是台中來的韓教師嗎？」

韓婆婆點頭稱是，雖然她實在想不起來在哪裡見過這位男士。

這位男士是一位政府官員，問韓婆婆說：「妳是要去爲羅教師送機的嗎？那剛好！坐我的車，我的車子就在外面！」

這位男士和他的妻子還請韓婆婆吃了一頓中餐，送機以後，又請了一頓晚餐，並送韓婆婆回台北車站搭火車。

毫無疑問的，這是上帝的預備。否則人海茫茫，怎麼可能在大台北市剛好碰上這麼巧的事呢？

送機的時候，好幾個朋友送的離別禮物都是金戒指，這是中國人的傳統習俗。

韓婆婆要回美國的朋友把其中兩枚塞給韓婆婆，說：「這些東西我在美國用不著，妳留著，需要的時候就賣掉它！」

韓婆婆回到台中之後，立刻去賣了這兩枚金戒指，得了八百多元，解除了她生活的窘境。

她那天回到台中的家裡，已經過了半夜，非常疲累了。

她攤在椅子上，自言自語地說：「這時候如果有一盒巧克力，該有多好啊！」

韓婆婆很喜歡吃巧克力，尤其疲倦的時候。

女傭一聽，眼睛亮了起來，馬上拿出一盒巧克力來。說：「下午有一位女士送這個來，還留了一張字條。」

原來是一位剛從美國回來的朋友，知道韓婆婆喜歡吃巧克力糖，特別送來的。

韓婆婆說：「我們的上帝眞是體貼，連巧克力糖都想得到呢！」

朋友！韓婆婆的上帝不僅是全能的供應者，祂也是體貼、細心、又具有幽默感的上帝。當我們看到祂為韓婆婆連巧克力糖都預備好時，眞是不禁莞爾。

我們經過水火，你卻使我們到豐富之地。

詩篇六十六篇十二節

向女傭見證

韓婆婆僱有一名鐘點女傭，她不信上帝，但韓婆婆經常爲她的靈魂禱告。那年的失竊事件，正好讓韓婆婆給女傭做了一個又眞實又奇妙的見證。

韓婆婆被竊之後三天，女傭過來跟她說：「妳家什麼吃的都沒有了。」

韓婆婆說：「哦！無論如何先把餐桌擺好。我半個鐘頭後才要用餐。」她告訴女傭說：「上帝會供應一切的！我們要憑信心而活！」

顧不得女傭的抱怨，韓婆婆獨自走進房間禱告：「主啊！如果是你的旨意，我沒得吃也沒關係，但求你向女傭顯明你會爲我預備。」

不一會兒，鄰居李先生來敲門，他是山東人，送來一大盤熱騰騰的山東饅頭。眞是從天上掉下來的麵包。

女傭聳聳肩，一副不以爲然的神氣。

幾分鐘之後，後門又響起敲門聲，是有七個女兒的小王太太。她將自己家裡養的雞生的蛋，送了二十個過來。

女傭收起嘲諷的神情，但仍堅持說：「可是妳沒有水果和咖啡。」

韓婆婆說：「我也不是每天吃水果。但如果上帝認爲我應該有咖啡，就會有的。」

正說的時候，街角住的那家張太太讀高中的兒子騎著腳踏車送來一個大木瓜。他說：「我母親要我送過來，是我們家自己的樹上摘的。」

女傭顯然也很吃驚，但仍然不肯相信，她堅持說：「妳還是沒有咖啡。」

在這時，又有人敲門了。是另一位王太太，先生是飛行員。王太太騎腳踏車騎了好長一段路過來，手裡拿著一大瓶即溶咖啡。

王太太說：「我先生這次從國外帶了一瓶這種咖啡回來，可是我們家沒人喝咖啡。」

韓婆婆建議王太太把咖啡拿到委託行去賣。但是王太太問明韓婆婆有喝咖啡的習慣後，不由分說，把咖啡塞在韓婆婆手裡，回頭騎著車子就走了。

這一切，都看在女傭的眼裡。奇妙的上帝，藉著韓婆婆的信心讓她大開眼界。也影響了她，後來她也悔改歸主。

朋友！每個人在主的眼裡都是寶貴的。主願意人人都悔改得救，不願一人沉淪。（彼得後書三章九節）

韓婆婆為女傭的得救迫切禱告，甚至求主藉著她的經歷，向女傭顯明。

韓婆婆的信心是大的，於是主就照她所求的成全。

耶穌說：「婦人！妳的信心是大的。照妳所要的給妳成全了罷。」

馬太福音十五章廿八節

Part 8

靠近點，才聽得見

寶貴的智慧常常是細細地、
微小地自人們的心中升起。

跟著愛走

三位有著長長白鬍鬚的老人到小鎮做客。

一位好客的主人請他們三位到家裡坐坐。

女主人走出去邀請三位老人入內。

「我們不可以一起進去同一個房屋內。」老人們說。

「爲什麼呢？」女主人好奇地問。

其中一位老人解釋說：「他的名字是富有。」他指著其中一位老人說。

然後又指著另外一位說：「他是成功，而我是愛。」

接著他又補充說：「妳進去跟妳丈夫討論看看，要我們其中的哪一位到你們的家裡呢？」

女主人進去告訴她丈夫剛剛談話的內容。

她丈夫聽了非常高興，說：「原來如此！那讓我們邀請富有進來吧！」

女主人並不同意，說：「親愛的！我們何不邀請成功進來呢？」

女兒在一旁聽到他們談話，插嘴說：「我們邀請『愛』進來不是更好嗎？」

男主人女主人都非常疼愛女兒，於是決定：「那就請『愛』來好了。」

女主人走到屋外說：「請『愛』進來好嗎？」

愛起身進屋子去了。

沒多久，另外兩位老人也跟著他一起進去。

女主人驚訝地問富有和成功：「不是只有愛進來嗎？怎麼你們兩個也一道來了呢？」

老人笑著說：「如果你邀請的是富有或成功，那麼另外兩人都不會跟進去。但如果你邀請的是愛的話，那麼無論愛走到哪，我們都會跟隨。」

「那兒有愛，那兒就有富有和成功。」老人說。

朋友！愛會帶來祝福，那裡有愛，那裡就有了一切。

聖經最重要的精神就是「愛」。聖經上說：上帝就是愛！住在愛裡面的，就是

住在上帝裡面，上帝也住在他裡面。（約翰一書四章十六節）

基督教傳講信、望、愛，而最大的就是愛！因為愛能遮掩一切過犯，愛是永不止息！（哥林多前書十三章十三節）

尋求愛就是尋求上帝。馬太福音六章卅三節應許說：先求上帝的國和祂的義，這一切都要加給你們了。

先邀請「愛」來家裡作客，上帝會把其他的包括「成功」「富有」等……加添給你。

如今常存的有信、有望、有愛這三樣，其中最大的是愛。

哥林多前書十三章十三節

五分鐘

有一天，公園裡運動場旁的長椅上坐著一位父親，看著五歲的兒子盪鞦韆。

二十分鐘過去，父親向小男孩喊著：「兒子！你剛剛說我們什麼時候要走啊？」

兒子求他爸爸：「再五分鐘，拜託！五分鐘就好。」

爸爸點點頭，兒子滿意地繼續盪著鞦韆。

五分鐘過去了，爸爸站起來叫小男孩：「時間到了，走吧！」

但小男孩捨不得走，又求爸爸：「再五分鐘！爸爸！眞的只要再五分鐘。」

爸爸坐下來，說：「好吧！再五分鐘！」

五分鐘又過去了。爸爸走過去叫兒子：「走吧！該回家了！」

這時小男孩正和旁邊一個同年齡的小孩玩沙，又捨不得走了。再求爸爸：

「最後一次！眞的最後一次五分鐘！拜託！」

爸爸想一想，摸摸兒子的頭，說：「眞的最後一次喔！等下一定要走喔！」

旁邊一名女士看到了這幅景象，忍不住說：「你眞是個有耐性的爸爸！」

這名父親笑了笑，說：「以前的我是個很沒耐性的爸爸。自從我大兒子死後，我就變得很有耐性了。」

他說：「前年，我大兒子在這附近騎腳踏車，被一個醉鬼駕駛撞死。我以前總是沒耐性陪他玩，他要求再延五分鐘的時候，我總是拒絕。父子倆常鬧得不愉快。」

「現在我不想在小兒子身上再有同樣的遺憾。我不想讓他失望。」他說。

話剛說完，小男孩堆完最後一把沙，跑過來拉著父親的手說：「可以走了。爹地，我們走吧！」算算這次五分鐘還不到。

父子倆愉快地走了。

朋友！有許多人疑惑說如果上帝是全知全能的，為何仍容許一些不公不義的事情發生？

聖經解答這樣的疑惑：因為天父正像這位父親一樣，極有耐心地等待。祂等待人類悔改、認罪、重生、得救，等了一年又一年，祂還在等。

上帝不是耽延，而是寬容。祂情願人人都悔改得救，不願一人沉淪。

如果我們能夠即時悔改得救，我們便可快樂地與天父一起走。就像那對父子，最後愉快地一起走。朋友！你可願意與天同行呢？

主所應許的尚未成就，有人以為祂是耽延，其實不是耽延，乃是寬容你們。不願有一人沉淪，乃願人人都悔改。

彼得後書三章九節

四個太太

有一個富商有四個太太，他最疼愛第四個太太，給她穿戴最好的綢緞，給她吃山珍海味。富商花最多時間跟她在一起，給她最好的東西。

富商也很喜歡第三個太太，總是以她爲榮，喜歡在朋友們面前炫耀她，但他也擔心她會跟別的男人跑掉。

他也喜歡第二個太太，她是個溫柔體貼的人，每當富商碰到什麼問題，首先就找這二太太商量，她也總是幫他打理一切，協助他度過困難時刻。

富商的第一個太太是他忠心的伴侶，她默默地照顧他的家，維護他的財富跟事業。但是富商並不怎麼愛第一個太太，很少注意到她。

有一天，富商病重快死了，他心想：「現在我有四個太太，我死了有哪一個會陪我呢？」

於是他問四個太太：「妳們哪一個願意陪我一起死呢？」

第四個太太斬釘截鐵地說不，沒有多說一個字就走開了。

第三個太太則說：「生命這麼美好，你死後我一定要再嫁人。」

第二個太太也面有難色地說：「這次我沒法幫你了，我只能送你送到墳墓邊。」

只有第一個太太說：「我願意！我陪你到天涯海角。」

富商這時才注意到他面黃肌瘦的大太太，後悔平常沒有好好照顧她。

每個人的生命中都有四個太太：四太太是我們的身體，無論我們花多少時間金錢跟她在一起，死了就必定分離。

三太太是我們的財富地位，我們死了，她就跟別人跑了。

二太太是我們的人際關係，我們死了，她也只能安葬我們。

大太太則是我們的精神靈魂，只有她，在死後還跟著我們。

朋友！你是否和富商一樣，總是注意其他的太太，而虧待了大太太呢？

我們成天為身體、財富地位、人際關係而忙碌，是否忽略了精神食糧的餵養？我們的靈命現在是豐潤強壯，還是面黃肌瘦呢？

聖經告誡我們，應該先重視無形的靈命成長，追求天道與公義，那麼其他有形的朋友、財富、地位、甚至健康，都會跟著報到。所謂「先求上帝的國與上帝的義，這些東西都要加給你們。」就是這個道理。

你是否每天還在捨本逐末，追求世俗上有形的物慾呢？

所以不要憂慮說喫甚麼、喝甚麼、穿甚麼。這都是外邦人所求的，
你們需用的這一切東西，你們的天父是知道的。
你們要先求祂的國、和祂的義，這些東西都要加給你們了。

馬太福音六章卅一至卅三節

沙灘上的腳印

有一首詩歌，描述一位基督徒的故事：
「有一天晚上，我作了一個夢。
在夢中，我和主在沙灘上同行。
這時天空浮現了我一生所渡過的光景。
當每一幕出現時，我都看到沙灘上有兩行腳印，
一行是我的，一行是主的。
當人生的最後一幕出現在我眼前時，
我回顧沙灘上的腳印。
我赫然發現在我人生中有許多時刻，
沙灘上竟然只有一行腳印，
而那正是我最低潮、最哀傷的時刻。

我問主說：「主啊！當我決定跟隨你的時候，
你不是應許我，你要一路與我同行嗎？
可是我發現，在我人生最難過的時刻，
沙灘上竟然只有一行腳印。
我不明白，爲何在我最需要你的時候，
你竟會離我遠去？」
主回答我說：「我親愛的孩子！
在你受試煉的時刻，我從未離開過你。
你所看見的那一行腳印，
正是我抱著你走過。」

朋友！這是一首感人的詩歌。也正是每位在信仰中重生者共同的經驗。因為，真正「與天同行」的人，其實並不寂寞。

人生有順境、有困厄，有得意、有挫折。持信仰走人生旅途，無論平坦或崎嶇，都不覺孤單，因為有天父同行！就像沙灘上的腳印，一行是我的，一行是主的。

而當人生最低潮、最哀傷、徬徨、無助的時刻，天父不僅陪伴在旁，更肩挑起我們的重擔，幫我們走過。

聖經再三保證：「祂必不撇下你，也不丟棄你。」

人走到盡頭的時候，看似無路；但只要與天同行，就無絕人之路。因為天父抱著你度過！

你們當剛強壯膽，不要害怕，也不要畏懼他們。
因為耶和華你的上帝和你同去，祂必不撇下你，也不丟棄你。

申命記卅一章八節

骨瘦如柴的乞丐

吉雅各（James Gilmore）曾在內蒙古作宣教士。

有一次，有人要求他醫治幾位受傷的士兵。

雖然吉雅各不是醫生，但他對急救還是懂得一點。所以他覺得必須盡可能來幫助這些士兵。

他潔淨了傷口，幫其中兩位士兵包紮好。但是第三位，卻在腳上有嚴重骨折。這已超過吉雅各能力所及，他在那裡束手無策起來。

但是看到傷兵痛苦的表情，吉雅各非常不忍。

於是他就跪在那傷兵的旁邊，開始謙卑地禱告，祈求上帝給他智慧，引導他該怎麼做。

他禱告完畢，非常有信心地知道，上帝必幫助他。

不多久，一群乞丐來到他那裡要錢。他憐憫他們，給了他們一些錢，和一些祝福的話。

但是，有一個非常虛弱的乞丐，在別人都走了以後，卻遲遲沒有離開。這人骨瘦如柴，簡直就是皮包骨。

突然，上帝光照吉雅各，幫助來了！

吉雅各請這位老乞丐坐下，問他是不是可以看看他的腳。他仔細用指頭四處摸索著乞丐的腿骨，並詳細紀錄。

就這樣，讓吉雅各學習到人體腿骨的來龍去脈，了解到應該如何使那個傷兵折斷的腳恢復過來！

後來，吉雅各真的把傷兵的骨折醫好了。

這名乞丐正是上帝派來給他的活生生的解剖學教材！

朋友！你是否也遭遇到束手無策的境況？你願意謙卑來到天父面前禱告嗎？他樂意指引你該怎麼做！

中國古時候皇帝登基都要行「祭天」的儀式，就是要謙卑地祈求上天賜與平安與智慧，尋求所謂的「天意」。

因此，只要我們以一顆謙卑的心，及對天父完全的信心，來向上帝禱告祈求，祂就會回應我們的禱告，並指引我們該怎麼做。

聖經上有這樣的應許：「完全人的義必指引他的路。」又說：「在你一切所行的事上都要認定祂，祂必指引你的路。」（箴言三章六節）

謙卑的信心和天意之間其實是沒有隔閡的，其中的通關密碼就是禱告！

完全人的義必指引他的路。

箴言十一章五節

靠近點，才聽得見

有一個年輕人失業了，不知道下一步該何去何從。

他跑去找年老的傳教士，想尋找一些解答。

他踏入老傳教士的書房，道出了他的困難。

說得激動時，他握緊拳頭，幾乎嚷叫著說：「我懇求上帝幫助我，跟我說話，但是上帝爲什麼都不回答我呢？」

老傳教士就坐在書房裡對面的位子上，只見他動了嘴回答了些什麼，但實在聽不清楚。

年輕人走到房間對面老傳教士的位子旁邊，對著老傳教士問道：「您說什麼？」

老傳教士重複再說了一遍，但聲音仍然輕得像是耳語。

年輕人移身過去，幾乎靠在老傳教士的椅子上。

他再問一遍，說：「您再說一遍好嗎？我還是聽不到您說什麼！」

他低下頭準備仔細聽清楚。

爲了能貼近老傳教士，年輕人乾脆跪下身來，好讓身體更靠近老傳教士。

他的頭跟老傳教士的頭幾乎快貼在一起了。

老傳教士再說了一遍：「上帝有時候是用耳語的，」

「所以我們要跟祂靠近一點才能聽得到。」

這次，年輕人聽到了。

老傳教士繼續說：「如果你站得比上帝還高，也會聽不到。」

年輕人這次終於聽懂了。

朋友！孔子說：「五十而知天命。」可見上帝的確會將天意啓示給人。

我們常以為上帝是用如雷般的大聲音啓示我們，像閃電劃過天空那樣。實則不然。上帝最常用的是安靜的、小聲的、柔和的耳語跟我們說話，祂的聲音常是細細微小地自人們的心中升起。

聖經上說：「上帝不是叫人混亂、乃是叫人安靜。」（哥林多前書十四章卅三節）因此，唯有在安靜中，才能聽到上帝說的話。

聖經又說：「你們親近上帝，上帝就必親近你們。」（雅各書四章八節）可見上帝要我們親近祂，安靜仔細地聽祂說話，祂就會將天意啓示給我們。

當然，要親近上帝，就要先屈膝謙卑自己！不夠謙卑，什麼也聽不到！

耶和華啊，謙卑人的心願，你早已聽見。
你必預備他們的心，也必側耳聽他們的祈求。

詩篇十篇十七節

屋瓦

一間美侖美奐的教堂落成了，信徒從四面八方來瞻仰這座建築物。大家稱讚教堂真美！

有人誇獎設計得好，有人稱讚結構完美，有人說光線柔和，有人說色彩高雅。不過就沒有人提到屋頂上的瓦片。

屋頂上的一片小瓦聽了很傷心，心想：「爲什麼沒有人注意到我？我是這麼的渺小，微不足道！沒有人會需要我。沒有了我，大家也不缺什麼！」於是他自暴自棄，趁人不注意時，鬆開原本緊抓著屋樑的手，滑下來，讓自己落在屋旁的泥堆中。

那天晚上，突然下起雨來，雨水從屋頂的漏洞流下來，滲進天花板裡。雨下了又下，天花板出現了裂縫，並且在大雨的擊打下越裂越大，雨水浸到屋內來了，弄髒了漂亮的牆壁，打濕了地毯。壁畫掉下來了，聖經也被水弄濕了。

隔天，教堂的管理員來探看，尋找漏雨的原因。找來找去，原來是一片瓦沒黏好，掉到地上來了。

管理員恨恨地踢著這片瓦說：「你在屋頂上抓著屋樑，雖然不起眼，可是卻有用的很！」

「現在你掉在泥堆裡，還是一樣不起眼，卻已經沒有用了，不久之後還會被銹蝕掉！」

朋友！上天把每個人都放在不同的位置上，賦予每個人不同的任務。每個位置都有他獨特的作用，即使外表看起來毫不起眼、微不足道的位置，對整體而言卻都是不可缺少的。

每個人都有不同的特質，聖經上說：「正如我們一個身子上有好些肢體，肢體也不都是一樣的用處。」（羅馬書十二章四節）而一些看起來軟弱的肢體，卻是非常重要不可缺少的，像肝、肺等。

如果像這片小瓦，自暴自棄，那就辜負了上天的期許。

天下最愚蠢的事莫過於因看不到別人的稱讚，就否定了自己的價值。

身上肢體，人以為軟弱的，更是不可少的。

哥林多前書十二章廿二節

放手

森林裡，一群小猴子嬉戲著，母猴們也在一旁覓食。

捕猴的獵人在樹下設置了機關，專門捕捉小猴子。

獵人把空玻璃瓶綁在樹幹上，瓶內裝了一條香蕉，要誘小猴子來拿。

這個空玻璃瓶的瓶口恰好可容小猴子將手伸進去，可是拿了香蕉的手卻比瓶口大，往往拔不出來，獵人就利用這個機會把小猴子逮個正著。

有一隻小猴子到樹林子裡玩耍，聞到香蕉的香味，興奮不已，把手伸進瓶罐裡要拿香蕉，沒想到手就伸不出來了。

小猴子很著急，咿咿呀呀大叫，跟旁邊的母猴求援。

母猴早已識破獵人的詭計，對小猴子說：

「放手！你把香蕉放掉，手就可以伸出來了！」

可是小猴子不捨得香噴噴的香蕉，死不肯放手，堅持要母猴把玻璃瓶打破，讓他的手拔出來。

獵人的腳步近了。

「救我啊！快救我啊！」小猴子喊著。

「放手啊！快放手啊！」母猴叫著。

就在千鈞一髮的時刻，小猴子無路可走，只好依著母猴的話放手了。

小猴子沒想到，手一放，眞的就逃脫了獵人的陷阱。

朋友！人生常遇到許多瓶頸，像小猴子面臨的困境一樣。我們是否也常向上帝呼求：救我啊！快救我啊！

但在呼救的時候，我們卻又不肯放手讓上帝採用祂的方式施行拯救，仍執著於自己的方式？還堅持要上帝照著自己的方式把玻璃瓶打破？結果不但香蕉沒拿到，連寶貴的性命也失去了。

但是，如果我們學會「放手」，就能輕易脫困！

人生的順逆，常在一念之間。

只要肯放手，豈不是峰迴路轉，柳暗花明又一村嗎？

你要專心仰賴耶和華，不可倚靠自己的聰明。
在你一切所行的事上，都要認定他，他必指引你的路。

箴言三章五至六節

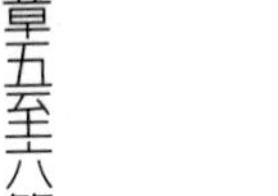

經歷上帝的同在

有一天，一個喋喋不休的婦人向牧師請教。

她說：「牧師！我學禱告也好多年了，可是從來沒有感覺到上帝和我在一起！」

牧師問：「請問妳是怎樣禱告的呢？」

她說：「你不是說如果不知道怎麼禱告，就背誦主禱文嗎？主禱文不就是馬太福音第六章六到十三節，耶穌教給我們的禱告辭嗎？」

「是啊！沒有錯啊！」牧師答。

「那爲什麼我都沒有感受到上帝和我在一起呢？」她問。

牧師思考了一下，想起婦人碎碎唸個不休的樣子。

牧師說：「如果你一直不停地說話，上帝那裡有機會插嘴呢？」

「妳試試看別說話，給祂一個機會說吧！」

「那我應該怎麼作呢？」婦人又問。

牧師說：「妳試試看，每天早餐後，把房間收拾乾淨，找個舒適的位置坐下，最好是可以看得到整個房間的位置，如果還有可以看得到花園的窗戶，就再好也不過了。」

「接著，妳先祈禱三分鐘，然後就在上帝的同在下靜靜地坐十五分鐘。」牧師說。

「記住，妳禱告完就不要再說話了。換上帝說。」牧師提醒她。

「妳要盡可能地安靜，用妳的心安靜地聽。總之，就是要閉嘴，安靜！」

幾天之後，婦人很高興地向牧師說：「我終於經歷上帝的同在了！」

牧師也很爲她高興，問她：「妳說說看是怎麼樣的感覺呢？」

婦人說：「當我閉起嘴，用心體會，一股平安、喜樂的感覺就漸漸升起，圍繞著我。我可以感覺到那就是上帝的同在呢！」

朋友！上帝是用很微小的聲音來跟人說話的，所以需用一顆安靜的心來聽祂。

聖經形容上帝的同在：「那時耶和華從那裡經過，在他面前有烈風大作，崩山碎石，耶和華卻不在風中；風後地震，耶和華卻不在其中；地震後有火，耶和華也不在火中；火後有微小的聲音。」（列王紀上十九章十一至十二節）上帝就是那微小的聲音。

若希望上帝回應我們的禱告，就要在安靜中聽祂向我們說話。

懷著信心，讓自己安靜下來，就能聽到上帝微小的聲音。就像約伯所說：「我必知道祂回答我的言語，明白祂向我所說的話。」

我必知道祂回答我的言語，明白祂向我所說的話。

約伯記廿三章五節

失去盼望的小鎮

美國緬因州要蓋一個大型水力發電廠，一個小鎮被選中作爲廠址。計畫中，將在河上蓋一個大水壩，整個城鎮會被淹沒。所以興建水壩之前，必須先遷鎮。

當這個計劃提出之後，一些原本打算遷入小鎮的居民都紛紛打消了念頭。不僅如此，小鎮原來的居民也紛紛打聽鄰鎮或親戚朋友們居住的鄉鎮，準備若有需要就搬家。

當這個計劃通過之後，政府給鎮上的居民半年的時間，用來安排搬遷的事宜。

但就在消息公佈後幾個星期，整座小鎮完全變了樣，就像個被人詛咒廢棄的死城。

儘管鎮上的居民還沒有遷離，但是所有的修建工程都停頓了。建築物、街道、人行道破損的地方都沒有人修補，也沒有人油漆。公園裡雜草叢生，沒人管；街角垃圾亂倒，沒人理會。沒有人整理花園，沒有人清理公共設施。

不過短短幾個星期的時間，整個小鎮就已變得非常殘破，看起來像是無人照顧的廢墟。但是，離水壩動工還要好久呢！

一個居民望著破落的牆壁及雜草滿地的公園說：「這個城鎮被絕望所詛咒了，因爲它沒有未來。」

「只要對未來沒有信心，一切能力都失去了。」大家都這麼想。

朋友！失去「盼望」的結果真可怕！就像這座小鎮，成為沒人理會的廢墟。

一旦「盼望」失去，一切能力也跟著失去。

對未來的信心與盼望，是人類上進的動力。有盼望，人生是活潑的；沒有盼望，一切變得灰暗。

聖經勉勵人：「靠著聖靈，憑著信心，等候所盼望的義。」(加拉太書五章五

節）又勉勵說：要在「所信的道上恆心，根基穩固，堅定不移，不至被引動失去福音的盼望。」（哥羅西書一章廿三節）

因為，失去盼望，就失去了未來。

但願使人有盼望的神，因信將諸般的喜樂、平安充滿你們的心，使你們藉著聖靈的能力大有盼望。

羅馬書十五章十三節

一百個髮夾

有一個國王有七個女兒，這七位美麗的公主是國王的驕傲。遠近皆知，每位公主都有一頭烏溜溜黑亮的長髮，於是，國王送給她們每人一百個漂亮的髮夾。

有一天早上，大公主醒來，一如往常的用髮夾整理她的秀髮。卻發現不知何時掉了一個髮夾。

於是，她偷偷的到二公主的房裡，拿走了一個髮夾。

二公主發現少了一個髮夾，便到三公主房裡拿走一個髮夾；三公主發現少了一個髮夾，也偷偷的拿走四公主的一個髮夾；四公主發現不見了一個髮夾，就拿走了五公主的髮夾；五公主一樣拿走六公主的髮夾；六公主就去拿走了七公主的髮夾。

七公主心想：「我真是太不小心了。還好只掉了一個髮夾！以後要小心點！」

七公主沒有偷拿其他公主的髮夾，於是，她的的髮夾只剩下九十九個。

隔天，鄰國英俊的王子忽然來到皇宮，拜訪國王。

他對國王說：「昨天我養的百靈鳥叼回了一個髮夾，我想這一定是屬於公主們的。這也眞是一個奇妙的緣分，不曉得是哪位公主掉了髮夾？」

公主們聽到了這件事，每個都在心裡說：「是我掉的，是我掉的！」可是六個公主頭上明明完整地別著一百個髮夾，即使原本是掉了一個，卻說不出口，總不能承認自己去偷了別人的髮夾。

只有七公主走出來說：「是我！我掉了一個髮夾。」

話說完，將一頭漂亮的長髮像瀑布一般洩了下來，美得讓王子看呆了。

因爲髮夾的緣分，王子向七公主求婚，從此一起過著幸福快樂的日子。另外六個公主無不悔恨在心口難開。

朋友！塞翁失馬焉知非福？對誠實的七公主而言，丟了一個髮夾，卻得著一段美麗的姻緣。

信靠上帝的人就常有類似的經驗。因為上帝能讓人從「失」轉為「得」，從「輸」轉為「贏」，從「缺點」轉為「優點」，從「詛咒」變為「祝福」。

因為上帝的能力正是在人的軟弱處顯得完全。（哥林多後書十二章八節）

但是對不誠實的其他六位公主而言，上帝總是叫世上自以為聰明的，中了自己的詭計，到時候得不償失啊！

因這世界的智慧，在上帝看是愚拙。如經上記著說：主叫有智慧的，中了自己的詭計。

哥林多前書三章十九節

加冕大典

一九〇二年一天早晨，一個英國小男孩下樓吃早餐，看到他父親正在看報紙。

報紙上刊載著，英國皇室正在預備六十四年來頭一回的加冕大典，要為愛德華王子在西敏寺大教堂加冕。

在用早餐時，小男孩聽到父親向母親說：「唉！王室這樣的諭詔實在令人難過！」

父親說：「只宣告愛德華王子要在西敏寺登基，卻沒有加一句『主若許可』（Deo volente）。這樣是很不好的！」

父親這句話深深印在小男孩的心中。尤其是「主若許可」這個辭。

沒想到，到了加冕那天，消息傳來，愛德華王子突然患了盲腸炎，加冕大典被迫延期舉行。

在那個維多利亞女王統治的時代，大英帝國的政治、經濟、軍事力量如日中天。王室訂定的加冕大典慎重無比，具有極其重大的意義，是全世界矚目的大事。

事實上，整個王室、整個國家、全國人民都傾全力，很早之前就在預備這項大典。但是儘管如此，卻敵不過小小的盲腸炎。

那名小男孩後來長大，見證了這件事情。

他說：「在諭詔中省掉了『主若許可』這句話，到後來加冕大典被迫延期舉行，這兩者之間，眞的毫無關係、純屬巧合嗎？」

他見證說：「我相信那不是巧合！而是上帝的提醒。祂提醒我們不要忽略了祂無上的權柄。」

朋友！真正的掌權者不是國王、不是總統。真正的掌權者是天，是上帝！上帝的旨意，就是所謂的「天意」，方是萬事萬物最終的主宰！不管你信或不信。自始至終，天意都主宰一切；離開了天意，我們無法成就任何一項計畫。

上帝的旨意具有無上的權柄，缺乏祂的許可，各種看似巧合的障礙便出現了。

「主若許可」，換個方式說，就是「天若許可」。中國古代皇帝登基，也要率領文武百官「祭天」，就是向這無上的權柄致敬。

順天者昌，逆天者亡，「天意」——就是上帝的旨意，你能抗拒嗎？

你們的生命是甚麼呢？你們原來是一片雲霧，出現少時就不見了。

你們只當說：主若願意，我們就可以活著，也可以作這事、或作那事。

雅各書四章十四至十五節

用光來填滿

從前，有一個父親想考驗三個兒子的聰明才智，好決定把事業交給哪一個兒子。

他想了一個題目測驗三個兒子。

他交給三個兒子每人一百元，要他們用這錢去買東西，來填滿一個一百坪大的倉庫。

大兒子想了很久，決定將那一百元拿去買稻草，因為稻草最便宜。

大兒子把稻草運入倉庫，結果，連倉庫的一半都裝不滿。

二兒子稍微聰明一些，將那一百元拿去買衛生紙。因為衛生紙輕巧，揉散之後體積可以膨脹許多倍。

二兒子將一包包衛生紙拆開，把一張張衛生紙揉得膨膨鬆鬆的，然後填進倉庫。

但他再怎麼努力，仍然裝不滿倉庫的三分之二。

小兒子等哥哥們的嘗試失敗之後，邀父親走進倉庫。他將所有的窗戶牢牢關上，把倉庫的大門關好。整個倉庫頓時變得黑漆漆的，伸手不見五指。

這時，小兒子從口袋中拿出一塊錢買來的火柴，點燃了一支蠟燭。立刻，光芒充滿了整個漆黑的倉庫。

「爸爸！我用十分之一的成本，就達到了您的要求。您看，光線已經把整座倉庫填滿了呢！」

「嗯！用光來填滿。不錯的主意。你辦到了！」父親很滿意地回答。

朋友！用光來填滿是最聰明的方法。天道就是光。用天道來填滿人心，最是聰明。

現代社會，人們忙著用物質來填滿生活，大家想盡辦法找來許多有形的物質，然而卻難以填滿空虛的心靈。追求物慾的結果，使心靈更空虛。

唯有用天道，亦即上帝的道來填滿，才能像光一樣照亮生命的各個角落。

聖經上說：上帝就是光（詩篇廿七篇一節），在祂毫無黑暗（約翰一書一章五節）。

當遇到光，就逐走黑暗，被光充滿。

當遇到上帝，就逐走空虛，找到心靈最深處的滿足。

耶和華是我的亮光，是我的拯救。

詩篇廿七篇一節

如鷹展翅上騰

老鷹是鳥類之王，許多國家都把它當成是王權的象徵。上帝讓老鷹具備一切王者之姿。上帝讓老鷹外形強壯、威猛，視力精準，爪子鋒利，飛行快速。

可是上帝鍛鍊老鷹卻是非常嚴格。老鷹要經常換毛，這是一項十分痛苦、但是完全更新的過程。

老鷹平均七、八年要脫一次毛。尤其是在活到四十歲的時候，還要經過一場脫胎換骨的變身。

老鷹四十歲時，爪子開始老化，無法有效地抓住獵物。它的喙已是又長又彎，幾乎碰到胸膛。它的翅膀變得沉重，飛翔起來十分吃力。

而且它的羽毛在飛翔的過程中，沾染了污穢的東西，羽毛漂浮的功能因此逐漸失去，飛行變得很笨重。

這時，老鷹必須飛到到山頂，在懸崖上築巢。它必須停留在那裡，進行大約一百五十天的操練。

它必須先用它的喙擊打岩石，一直打到喙脫落，然後靜靜地等候新的喙長出來。

然後用新的喙把指甲一根根的拔出來，等新的指甲長出來。

之後就要把羽毛一根一根的拔掉，等新的羽毛長出來。

其他鳥類是一邊脫毛、一邊長新毛，老鷹不是這樣。老鷹要等舊毛全部脫光後，才會長出新毛。

所以，當老鷹要開始換羽毛的時候，過程非常的痛苦，它必需要有耐性等候羽毛全部脫落，再等候新羽毛全部長出來，才能重新飛翔。

只有在完全穿上新羽毛之後，老鷹才能再開始飛翔，重新得著力量，再展開三十年歲月。

自我更新之後的老鷹，才能有力地翱翔，奔跑卻不困倦，行走也不疲乏。

朋友！在人生的道路上，我們也像老鷹，沾染許多世上的污穢，被許多世俗的纏累所牽絆。我們會覺得灰心、挫折，飛行變得笨重、變慢。這時也需要更新、改變，需要脫胎換骨。

老鷹自我更新的過程正是最好的借鏡。經歷痛苦、忍耐、蛻變，新的生命醞釀形成，於是老鷹能再度展翅上騰，快速有力地飛翔，再創英武勇猛的王者之姿。

人生也是如此。唯有經歷自我操練，脫去世俗纏累，重新迎接新的生命，方能再創人生下一波璀璨的高峰。

但那等候耶和華的必從新得力。
他們必如鷹展翅上騰；他們奔跑卻不困倦，行走卻不疲乏。

以賽亞書四十章卅一節

國家圖書館出版品預行編目資料

一念之間：100個心靈故事／蘇拾瑩著. -- 初版. --
臺北市：啓示出版：家庭傳媒城邦分公司發行,
2004 [民 93]
面： 公分： –（智慧書；1）
ISBN 986-7470-02-8（平裝）
1. 修身 2. 生活指導
192.1 93006327

《智慧書 1》

一念之間：100個心靈故事

作　　者／蘇拾瑩
總 編 輯／彭之琬
責任編輯／徐仲秋、李詠璇

發 行 人／何飛鵬
法律顧問／元禾法律事務所 王子文律師
出　　版／啓示出版
台北市104民生東路2段141號9樓
電話：(02) 25007008 傳眞：(02) 25007759
E-mail：bwp.service@cite.com.tw
發　　行／英屬蓋曼群島商家庭傳媒股份有限公司 城邦分公司
台北市中山區民生東路二段141號2樓
書虫客服服務專線：02-25007718；25007719
服務時間：週一至週五上午09:30-12:00；下午13:30-17:00
24小時傳眞專線：02-25001990；25001991
劃撥帳號：19863813；戶名：書虫股份有限公司
戶名：英屬蓋曼群島商家庭傳媒股份有限公司城邦分公司
訂購方法／書虫股份有限公司客服專線：(02) -2500-7718；2500-7719
服務時間：週一至週五9:30~12:00；下午13:30~17:00
24小時傳眞專線：(02) -2500-1990；2500-1991
劃撥帳號：19863813；戶名：書虫股份有限公司
讀者服務信箱：service@readingclub.com.tw
城邦讀書花園：www.cite.com.tw
香港發行所／城邦（香港）出版集團
香港灣仔駱克道193號東超商業中心1樓；E-mail：hkcite@biznetvigator.com
電話：(852) 25086231 傳眞：(852) 25789337
馬新發行所／城邦（馬新）出版集團 Cite (M) Sdn. Bhd.
41, Jalan Radin Anum, Bandar Baru Sri Petaling, 57000 Kuala Lumpur, Malaysia.
Tel: (603) 90578822 Fax: (603) 90576622 Email: cite@cite.com.my

封面設計／李東記
內頁排版／綠貝殼資訊有限公司
印　　刷／韋懋印刷事業有限公司

■2004年12月初版
Printed in Taiwan
■2024年 1 月 23 日三版 5 刷

定價 320元

ISBN 986-7470-02-8